MICHEL LÉVY FRÈRES, ÉDITEURS

OUVRAGES

DE

AMÉDÉE ACHARD

Format grand in-18

BRUNES ET BLONDES	1 vol.
LA CHASSE ROYALE	1 —
LES DERNIÈRES MARQUISES	1 —
LES FEMMES HONNÊTES	1 —
PARISIENNES ET PROVINCIALES	1 —
LES PETITS-FILS DE LOVELACE	1 —
LES RÊVEURS DE PARIS	1 —
LA ROBE DE NESSUS	1 —
NELLY	1 —
LA TRAITE DES BLONDES	1 —
BELLE-ROSE	1 —

Clichy. — Imp. Paul Dupont et Cie, rue du Bac-d'Asnières, 12.

RÉCITS
D'UN SOLDAT

UNE ARMÉE PRISONNIÈRE

UNE CAMPAGNE DEVANT PARIS

PAR

AMÉDÉE ACHARD

PARIS
MICHEL LÉVY FRÈRES, ÉDITEURS
RUE AUBER, 3, PLACE DE L'OPÉRA

LIBRAIRIE NOUVELLE
BOULEVARD DES ITALIENS, 15, AU COIN DE LA RUE DE GRAMMONT

1871

PRÉFACE

Les pages qu'on va lire sont extraites d'un cahier de notes écrites par un engagé volontaire. Il n'y faut point chercher de graves études sur les causes qui ont amené les désastres sous lesquels notre pays a failli succomber, ni de longues dissertations sur les fautes commises. Non; c'est ici le récit d'un soldat qui raconte simplement ce qu'il a vu, ce qu'il a fait, ce qu'il a senti, au milieu de ces armées s'écroulant dans un abîme. A ce point de vue, ces souvenirs, qui ont au moins le mérite de la sincérité, ont leur intérêt ; c'est un nouveau chapitre de l'histoire de cette funeste guerre de 1870 que nous offrons à nos lecteurs.

RÉCITS D'UN SOLDAT

PREMIÈRE PARTIE

UNE ARMÉE PRISONNIÈRE

I

Au mois de juillet 1870, j'achevais la troisième année de mes études à l'École centrale des arts et manufactures. C'était le moment où la guerre, qui allait être déclarée, remplissait Paris de tumulte et de bruit. Dans nos théâtres, tout un peuple fouetté par les excitations d'une partie de la presse, écoutait debout, en le couvrant d'applaudissements frénétiques, le refrain terrible de cette *Marseillaise* qui devait nous mener à tant de désastres. Des régiments passaient sur les boulevards, accompagnés par les clameurs de milliers d'oisifs qui croyaient qu'on gagnait des batailles avec des cris. La ritournelle de la chanson des *Girondins* se promenait par les rues, psalmodiée par la voix des gavroches. Cette agitation factice pouvait faire supposer à un observateur inattentif que la grande ville désirait, appelait la guerre ; le gouvernement, qui voulait être trompé, s'y trompa.

Un décret appela au service la garde mobile de l'Empire, cette même garde mobile que le mauvais vouloir des soldats qui la composaient, ajouté à l'opposition aveugle et tenace de la gauche, semblaient condamner à un éternel repos. En un jour elle passa du sommeil des cartons à la vie agitée des camps. L'École centrale se hâta de fermer ses portes et d'expédier les diplômes à ceux des concurrents désignés par leur numéro d'ordre. Ingénieur civil depuis quelques heures, j'étais soldat et faisais partie du bataillon de Passy portant le nº 13.

La garde mobile de la Seine n'était pas encore organisée, qu'il était facile déjà de reconnaître le mauvais esprit qui l'animait. Elle poussait l'amour de l'indiscipline jusqu'à l'absurde. Qui ne se rappelle encore ces départs bruyants qui remplissaient la rue Lafayette de voitures de toute sorte conduisant à la gare du chemin de fer de l'Est des bataillons composés d'éléments de toute nature? Quelles attitudes! quel tapage! quels cris! A la vue de ces bandes qui partaient en fiacre après boire, il était aisé de pressentir quel triste exemple elles donneraient.

Mon bataillon partit le 6 août pour le camp de Châlons; ce furent, jusqu'à la gare de la

Villette, où il s'embarqua, les mêmes cris, les mêmes voitures, les mêmes chants. Des voix enrouées chantaient encore à Château-Thierry. Les chefs de gare ne savaient auquel entendre, les hommes d'équipe étaient dans l'ahurissement. A chaque halte nouvelle, c'était une débandade. Les moblots s'envolaient des voitures et couraient aux buvettes, quelques-uns s'y oubliaient. On faisait à ceux d'entre nous qui avaient conservé leur sang-froid des récits lamentables de ce qui s'était passé la veille et les jours précédents. Un certain nombre de ces enfants de Paris avaient exécuté de véritables razzias dans les buffets, où tout avait disparu, la vaisselle après les comestibles; les plus facétieux emportaient les verres et les assiettes, qu'ils jetaient, chemin faisant, par la portière des wagons ; histoire de faire du bruit et de rire un peu. Des courses impétueuses lançaient les officiers zélés à la poursuite des soldats qui s'égaraient dans les fermes voisines, trouvant drôle « de cueillir çà et là » des lapins et des poules. On se mettait aux fenêtres pour les voir.

A mon arrivée à Châlons, la gare et les salles d'attente, les cours, les hangars, étaient remplis d'écloppés et de blessés couchés par terre, étendus sur des bancs, s'appuyant aux murs. Là étaient les débris vivants des meurtrières rencontres des premiers jours : dragons, zouaves, chasseurs de Vincennes, turcos, soldats de la ligne, hussards, lanciers, tous hâves, silencieux, mornes, traînant ce qui leur restait de souffle. Point de paille, point d'ambulance, point de médecins. Ils attendaient qu'un convoi les prît. Des centaines de wagons encombraient la voie. Il fallait dix manœuvres pour le passage d'un train. Le personnel de la gare ne dormait plus, était sur les dents.

Au moment où nous allions quitter Paris,

nous avions eu la nouvelle de ces défaites, sitôt suivies d'irréparables désastres. Maintenant j'avais sous les yeux le témoignage sanglant et mutilé de ces chocs terribles au devant desquels on avait couru d'un cœur si léger. Mon ardeur n'en était pas diminuée; mais la pitié me prenait à la gorge à la vue de ces malheureux, dont plusieurs attendaient encore un premier pansement. Quoi ! tant de misères et si peu de secours !

Le chemin de fer établi pour le service du camp emmena les mobiles au Petit-Mourmelon, d'où une première étape les conduisit à leur campement, le sac au dos. Pour un garçon qui, la veille encore, voyageait à Paris en voiture et n'avait fatigué ses pieds que sur l'asphalte du boulevard, la transition était brusque. Ce ne fut donc pas sans un certain sentiment de bonheur que j'aperçus la tente dans laquelle je devais prendre gîte, moi seizième. L'espace n'était pas immense, et quelques vents coulis, qui avaient, quoique au cœur de l'été, des fraîcheurs de novembre, passaient bien par les fentes de la toile et les interstices laissés au ras du sol ; mais il y avait de la paille, et, serrés les uns contre les autres, se servant mutuellement de calorifères, les mobiles, la fatigue aidant, dormirent comme des soldats.

Aux premières lueurs du jour, un coup de canon retentit : c'était le réveil. Comme des abeilles sortent des ruches, des milliers de mobiles s'échappaient des tentes en s'étirant. L'un avait le bras endolori, l'autre la jambe engourdie. Le concert des plaintes commença. L'élément comique s'y mêlait à haute dose ; quelques-uns s'étonnèrent qu'on les eût réveillés si tôt, d'autres se plaignirent de n'avoir pas de café à la crème. Au nombre de ces conscrits de quelques jours si méticuleux sur la question du confortable, j'en avais remarqué un qui, la veille au soir, avait paru surpris de ne point trouver de souper dressé sous la tente.

— A quoi songe-t-on ? — s'était-il écrié.

Les yeux ouverts, sa surprise devint de l'indignation. Le déjeuner n'arrivait pas.

— Si c'est comme cela qu'on nous traite, murmura-t-il, que sera-ce en campagne ?

Je ne doutais pas que ce ne fût quelque fils de famille, comte ou marquis, tombé du faubourg Saint-Germain en pleine démocratie. Un camarade discrètement interrogé m'apprit que le gentilhomme inconnu s'essayait la veille encore dans l'art utile de tirer le cordon. C'est, au reste, une remarque que je n'eus pas seul occasion de faire. Les exigences des mobiles de Paris croissaient en raison inverse des positions qu'ils avaient occupées : tous ceux qui avaient eu les carrefours pour résidence et les mansardes pour domicile poussaient les hauts cris. Le menu du soldat leur paraissait insuffisant ; les objets de campement ne venaient pas de chez le bon faiseur.

Le spectacle que présentait le camp de Châlons aux clartés du matin ne manquait ni de grandeur, ni de majesté. Aussi loin que la vue pouvait s'étendre, les cônes blancs des tentes se profilaient dans la plaine. Leurs longues lignes disparaissaient dans les ondulations du terrain pour reparaître encore dans les profondeurs de l'horizon. Un grouillement d'hommes animait cette ville mouvante dont un poëte de l'antiquité aurait dit qu'elle renfermait le printemps de la grande ville : triste printemps qui avait toutes les lassitudes et la sécheresse de l'hiver avant d'avoir donné la moisson de l'été ! Mais, si le camp avait cette grâce imposante qui se dégage des grandes lignes, il présentait des inconvénients qui en diminuaient les charmes pittoresques. Des vents terribles en parcouraient la vaste étendue et nous aveuglaient de tourbillons de poussière ; à la chaleur accablante du jour succédaient les froids pénétrants des nuits. Une rosée abondante et glaciale mouillait les tentes, et, si l'on ne respirait pas au coucher du soleil, le matin on grelottait.

— Le gouvernement sait bien ce qu'il fait, disaient les mobiles ; nous sommes républicains, il nous tue en détail !

Le premier coup de canon tiré, la vie militaire s'emparait du camp. Les tambours battaient, les clairons sonnaient, et les officiers qui avaient eu cette chance heureuse d'attraper des fusils pour leurs bataillons, s'efforçaient d'enseigner à leurs hommes l'exercice qu'ils ne savaient pas. On voyait bon nombre de compagnies où, les fusils à tabatière manquant, on s'exerçait avec des bâtons. Les mobiles qui n'avaient que leur paye vivaient de l'ordinaire du soldat. Quant aux fils de famille, ils se réunissaient au Petit-Mourmelon, où l'on trouvait un peu de tout, depuis des pâtés de foie gras et du vin de Champagne pour les gourmets jusqu'à des cuvettes pour les délicats.

Je devais une visite au Petit-Mourmelon ; là régnait le tapage en permanence. Qu'on se figure une longue rue dont les bas côtés offraient une série interminable de cabarets, de guinguettes, d'hôtels garnis, de boutiques louches, de magasins borgnes, de cafés et de restaurants, entre lesquels s'agitait incessamment une cohue de képis et de tuniques, de pantalons rouges et de galons d'or. On y faisait tous les commerces, la traite des montres et l'escompte des lettres de change. Çà et là, on jouait la comédie ; dans d'autres coins, on dansait. Ce Petit-Mourmelon, qui était dans le camp comme une verrue, n'a pas peu contribué à entretenir et à développer l'indiscipline. On y prenait des leçons de dissipation et d'ivrognerie. On s'entretenait encore à l'ombre de ces établissements interlopes de l'accueil insolent que les bataillons de Paris avaient fait à un maréchal de France. Des âmes de gavroches s'en faisaient un sujet de gloire. Peut-être aurait-il fallu qu'une main de fer pliât ces caractères qu'on avait élevés dans le culte de l'insubordination ; on eut le tort de croire que l'indulgence porterait de meilleurs fruits.

Un cœur un peu bien placé et sur lequel pesait le sang répandu à Reichshoffen devait être bien vite dégoûté de cette platitude et de ces criailleries. Parmi les jeunes gens que j'avais connus à Paris, et qui faisaient comme moi leur apprentissage du métier des armes, beaucoup ne se gênaient pas pour manifester leurs sentiments d'indignation et souffraient de leur inutilité. L'uniforme que je portais devenait lourd à mes épaules. Sur ces entrefaites, j'entendis parler du 3e zouaves, dont les débris ralliaient le camp de Châlons. Le colonel, M. Alfred Bocher, se trouvait parmi les épaves du plus brave des régiments. Je l'avais connu dans mon enfance, mon parti fut pris sur-le-champ. Il ne s'agissait plus que de découvrir le 3e zouaves et son colonel.

Quiconque n'a pas vu le plateau de Châlons peut croire que la découverte d'un régiment est une chose aisée ; mais, pour l'atteindre, il faut avoir la patience d'un voyageur qui poursuit une tribu dans les interminables prairies du *Far-West*. C'était au moment où le maréchal de Mac-Mahon, plein d'une incommensurable tristesse, rassemblait l'armée qui devait disparaître à Sedan après avoir combattu à Beaumont. Partout des soldats et des tentes partout : un désert peuplé de bataillons. Déjà se formait ce groupe énorme d'isolés qui allait toujours grossissant. Les défaites des jours précédents élargissaient cette plaie des armées en campagne. Ils formaient un camp dans le camp.

Des tentes d'un régiment de ligne, je passais

aux tentes d'un bataillon de chasseurs de Vincennes ; je tombais d'un escadron de cuirassiers dans un escadron de hussards ; je me perdais entre des batteries dont les canons luisaient au soleil. Si je demandais un renseignement, je n'obtenais que des réponses vagues. Enfin, après trois ou quatre heures de marche dans cette solitude animée par le bruit des clairons, j'arrivai au campement du 3e zouaves. Quelques centaines d'hommes y étaient réunis portant la veste au tambour jaune. Quand il avait quitté l'Afrique, le régiment comptait près de trois mille hommes. Le colonel Bocher était là, assis sur un pliant, entouré de trois ou quatre officiers à qui des bottes de paille servaient de siéges. Je me nommai, et présentai ma requête. — Savez-vous bien ce que vous me demandez ? dit-il alors ; c'est une longue suite de misères, de fatigues, de souffrances. Tous les soldats les connaissent : mais au 3e zouaves ce sont les compagnons de tous les jours. Mon régiment a une réputation dont il est fier, mais qui lui vaut le dangereux honneur d'être toujours le premier au feu. Si vous cédez à une ardeur juvénile, prenez le temps de réfléchir.

Ma résolution était bien arrêtée, le colonel céda. Il me remit une carte avec quelques mots écrits à la hâte, par lesquels il m'autorisait à faire partie des compagnies actives sans passer par les lenteurs et les ennuis du dépôt, et me congédia. Peu de jours après, j'étais à Paris, où je n'avais plus qu'à m'enrôler et à m'équiper. C'était plus difficile que je ne pensais. Rien n'avait été changé pour rendre plus rapides et plus faciles les engagements. Aucun tailleur de Paris n'a jamais employé ses ciseaux et ses aiguilles à couper et à coudre des vêtements de zouave. Quant au tailleur officiel du régiment, il habitait Mostaganem ; enfin, toutes les difficultés vaincues, ma veste sur le dos et ma feuille de route dans la poche, le 28 août, en qualité de zouave de deuxième classe au 3e régiment, je partis pour Rethel avec un billet qui ne me garantissait le voyage que jusqu'à Reims. Je n'avais d'ailleurs ni fusil, ni cartouches. Tout mon bagage se composait d'un tartan qui renfermait deux chemises de flanelle, trois ou quatre paires de chaussettes de laine et quelques mouchoirs. Ma fortune était cachée dans une ceinture, où, en cherchant bien, on eût trouvé un assez bon nombre de pièces d'or.

Il y avait dans le compartiment dans lequel j'étais monté, une femme enveloppée d'un manteau qui pleurait sous son voile et un ingénieur qui prenait des notes. Ma voisine m'apprit entre deux sanglots qu'elle avait un fils et un frère à l'armée. Elle n'en avait point de nouvelles depuis quinze jours. L'ingénieur voyageait pour la destruction des œuvres d'art, telles que viaducs, ponts et tunnels. Il en avait une centaine à faire sauter. C'était une mission de confiance. Son crayon voltigeait sur le calepin et il honorait quelquefois son voisin d'un sourire modestement orgueilleux.

La guerre et ses conséquences, la guerre et ses probabilités faisaient tous les frais de la conversation. On n'avait rien à apprendre et on parlait toujours. Chaque voyageur qui montait apportait son contingent de nouvelles. La plupart reposaient sur des renseignements fournis par le hasard. Ils ne mentaient pas moins que les dépêches. Le blâme avait plus de part à l'entretien que l'éloge. L'un attaquait l'état-major, un autre l'intendance. On improvisait des plans de campagne magnifiques qui n'avaient d'autre défaut que d'être impraticables. Leurs auteurs retournaient à leurs affaires çà et là ; celui-là dans son château, celui-ci dans sa boutique.

A la station de Reims, où l'on n'attendait pas encore le roi Guillaume, tous mes compagnons de route descendirent. Un officier d'artillerie, qui semblait avoir fait cent lieues à travers champs, monta, étendit ses jambes crottées sur les coussins, soupira, se retourna, et se mit à ronfler comme une batterie. Vers deux heures du matin, le convoi s'arrêta à Rethel. Il ne s'agissait plus maintenant que de découvrir le 3ᵉ zouaves. Il pleuvait beaucoup, et la ville était encore dans l'épouvante d'une visite qu'elle avait reçue la veille. Quatre uhlans avaient pris Rethel ; mais, trop peu nombreux pour garder cette sous-préfecture, ils étaient repartis comme ils étaient arrivés, lentement, au pas. Tout en discutant les chances du retour des quatre uhlans avec l'aubergiste qui m'avait accordé l'hospitalité d'une chambre et d'un lit, j'appris que le 3ᵉ zouaves était parti depuis trois jours. Personne ne savait où il était allé. Je voulais à la fois des renseignements et un fusil. La matinée s'écoula en recherches vaines. Point d'armes à me fournir, aucune information non plus. Sûr enfin que le chemin de fer ne marchait plus, et bien décidé à rejoindre mon régiment, j'obtins d'un loueur une voiture avec laquelle il s'engageait à me faire conduire à Mézières.

II

Nous n'avions pas fait un demi-kilomètre sur la route de Mézières, que déjà nous rencontrions des groupes de paysans marchant d'un air effaré. Quelques-uns tournaient la tête en pressant le pas. Leur nombre augmentait à mesure que la voiture avançait. Bientôt la route se trouva presque encombrée par les malheureux qui poussaient devant eux leur bétail, et fuyaient en escortant de longues files de charrettes sur lesquelles ils avaient entassé des ustensiles, quelques provisions et leurs meubles les plus précieux. Les femmes et les enfants, assis sur la paille et le foin, pleuraient et se lamentaient. Je pensai alors aux chants qui avaient salué la nouvelle de la déclaration de guerre, à l'enthousiasme nerveux de Paris, à cette fièvre des premiers jours. J'étais non plus à l'Opéra, mais au milieu de campagnes désolées que leurs habitants abandonnaient. La ruine et l'incendie les balayaient comme un troupeau. L'un de ces fugitifs que je questionnai au passage, me répondit que les Prussiens arrivaient en grand nombre : ils avaient coupé la route entre Mézières et Rethel, et me conseilla de rebrousser chemin. Cela dit, il reprit sa course.

De sourdes et lointaines détonations prêtaient une éloquence plus sérieuse au discours du paysan : c'était la voix grave du canon qui tonnait dans la direction de Vouziers. Je ne l'avais jamais entendue qu'à Paris pendant les réjouissances des fêtes officielles. Elle empruntait au silence des campagnes et au spectacle de cette route où fuyait une foule en désordre, un accent formidable qui faisait passer un frisson dans mes veines. Plus tard je devais me familiariser avec ce bruit. Une ferme brûlait aux environs, et l'on n'avait besoin que de se dresser un peu pour apercevoir derrière les haies les coureurs français et prussiens qui échangeaient des coups de fusil.

A six heures du soir, la voiture atteignit les portes de Mézières. Mon premier soin fut de me rendre à la place où je voulais, comme à Rethel, obtenir tout à la fois un fusil et des renseignements sur le 3e zouaves ; mais le désordre et le trouble que j'avais déjà remarqués à Rethel n'étaient pas moindres à Mézières. Un employé près duquel je parvins à me glisser après de longs efforts, me jura, sur ses dossiers, que personne dans l'administration ne savait où pouvait camper dans ce moment le régiment que je cherchais. Il n'y avait plus qu'à trancher la question du fusil. Mon insistance parut étonner beaucoup l'honnête bureaucrate. Prenant alors un air doux : — Je comprends votre empressement à servir votre pays, reprit-il, c'est pourquoi je vous engage à partir pour Lille.

— Pour Lille ! pour Lille en Flandres ?

— Oui, monsieur, Lille, département du Nord, où l'on forme un régiment qui sera composé d'éléments divers très-bien choisis. Vous y serez admis d'emblée, et là certainement vous trouverez enfin ce fusil qu'on n'a pu vous procurer ni à Rethel, ni à Mézières. D'ailleurs il y a des ordres.

L'entretien était fini ; la voix de l'autorité venait de se faire entendre. Pour un volontaire qui avait rêvé de se trouver en face des Prussiens quelques heures après son départ de Paris, elle n'était ni douce, ni consolante. Au lieu de la bataille, le dépôt ! L'oreille basse, je poussai devant moi tristement à travers les rues. Des militaires portant tous les uniformes

2

les encombraient, allant et venant, sortant du cabaret pour entrer chez les marchands de vin. Il y avait comme du désenchantement dans l'air.

A la nuit tombante, un passant m'indiqua la rue que désignait mon billet de logement, et je ne tardai pas à frapper à la modeste porte de la maison où je devais passer la nuit. Une servante, sa chandelle à la main, me conduisit dans une espèce de galetas dont un vieux lit mal équilibré occupait tout le plancher. Ce n'était pas l'heure de faire des réflexions. La fatigue, du reste, avait la parole, et non plus la délicatesse. Cinq minutes après je dormais tout habillé.

Vers deux heures du matin cependant, une tempête de fanfares éclata. Je sautai sur mes pieds et courus vers le palier. Une servante qui regardait par une lucarne se retourna. — C'est le prince impérial qu'on éveille, me dit-elle. Les trompettes sonnaient partout le boute-selle pour un départ qui ne devait point avoir de retour. Des cavaliers passaient au galop dans la rue ; les escadrons se rangeaient en ordre de marche ; un cliquetis d'armes s'éleva mêlé au roulement lointain d'une voiture, puis tout s'éteignit : l'héritier d'un empire s'en allait vers l'abîme !

Le train qui devait partir à six heures de la station de Charleville n'était pas encore formé au moment où j'arrivai. La gare était remplie de soldats fiévreux et fourbus où l'on comptait non moins de traînards que de malades, et que l'administration aux abois versait dans les dépôts du Nord et les divers hôpitaux qui pouvaient disposer de quelques lits encore. Les wagons ne furent pleins qu'à neuf heures. On y entassait les débris de vingt régiments. A neuf heures et demie, la locomotive s'ébranla lourdement. On voyait çà et là des grappes de pantalons garance sur les plates-formes et les marchepieds, ceux-ci debout, ceux-là couchés. De temps à autres, des convois chargés de soldats, de canons et de chevaux saluaient au passage le convoi qui s'éloignait de Mézières. C'était l'armée du général Vinoy, qui allait appuyer l'armée du maréchal Mac-Mahon, et qui devait presque aussitôt battre en retraite et s'enfermer dans Paris. Un de ces convois s'arrêta à la station de Harrison vers deux heures en même temps que celui sur lequel j'étais monté. On causa de wagon à wagon entre cavaliers et fantassins ; c'est ainsi que j'appris qu'un détachement du 3e zouaves venait de prendre place dans un train montant, et ne devait pas tarder à passer. Je résolus d'attendre l'arrivée de mes camarades inconnus.

Au bout de quatre heures, le détachement du 3e zouaves parut enfin. D'un bond je m'élançai auprès du lieutenant qui le commandait. — Monsieur ? lui dis-je.

— On m'appelle mon lieutenant, répliqua

l'officier d'un ton sec ; puis me regardant le sourcil déjà froncé : — Que voulez-vous ? et surtout soyez bref.

Je lui exposai ma demande en termes nets et précis. — Montez ! dit le lieutenant.

Je pris subitement place dans un wagon où quinze zouaves allongeaient leurs guêtres. Des regards curieux se dirigèrent vers le nouveau-venu, qui mêlait tout à coup sa jeune barbiche au rassemblement farouche de ces moustaches rouges et noires. L'instant était critique : il y avait là un écueil à franchir. Une magnifique pipe que je tirai et que j'offris tour à tour à chacun me gagna le cœur de mes compagnons de route. En signe d'adoption, ils me tutoyèrent spontanément. Vers dix heures du soir, le train s'arrêta à Charleville : le détachement des zouaves quitta les wagons, et vint camper sur une promenade au-dessus de la station. L'influence de la pipe, dont le tuyau d'ambre sortait de ma poche, me permit l'entrée d'une tente où l'hospitalité la plus cordiale m'accueillit sur un pan de gazon. Mon tartan, que je n'avais pas quitté depuis mon départ de Paris, me servit de matelas et de couverture, et je m'endormis entre mes camarades. Lorsque par hasard j'entr'ouvrais les yeux, et qu'à la lueur pâle de quelques tisons brûlant çà et là j'apercevais ce pêle-mêle de jambes enfouies dans d'immenses culottes, et de têtes cachées à demi sous le fez rouge, des rires silencieux me prenaient. Je fus réveillé par la rosée qui transperçait mes vêtements et me glaçait. Les zouaves, qui, dans des attitudes diverses, ronflaient sous la tente, secouèrent leurs oreilles comme des chiens qui viennent de recevoir une ondée, et, sifflant des airs bizarres mêlés de couplets saugrenus, se mirent en devoir de plier les tentes et de faire les sacs pour être prêts à partir au premier signal. Je m'employai avec eux tant bien que mal. Allant et venant, je fis la découverte d'un superbe capuchon de drap tout neuf qui gisait sur l'herbe et semblait orphelin. Je soulevai le capuchon, l'examinai, et ne put lui refuser les louanges qu'il méritait au double point de vue de la solidité et de la conservation.

— A qui le capuchon? m'écriai-je en le tenant suspendu au bout de mon bras.

— A toi, parbleu! s'écria un vieux zouave chevronné jusqu'à l'épaule.

Je le regardai un peu surpris.

— Tu ne comprends donc pas? reprit-il ; c'est pourtant bien clair. Tu as droit à un capuchon et tu n'en as pas, ce qui est la faute du gouvernement ; cependant en voici un qui se balance entre tes doigts. Quelqu'un le réclame-t-il? non ; ma conclusion est qu'il t'appartient.

Et toujours parlant il m'en coiffa.

Un coup de clairon retentit. — C'est l'assemblée qui sonne, ajouta-t-il, en route à présent,

Le lieutenant n'aime pas qu'on le fasse attendre.

A sept heures et demie, un train prit le détachement, et la locomotive courut sur la voie qui aboutissait à Sedan. Ici le verbe courir doit se prendre dans le sens le plus modeste. Le convoi marchait, parfois même il se traînait. D'une main, le mécanicien, debout sur sa machine, serrait le frein ; du regard, il sondait l'horizon. On ne savait pas au juste où étaient les Prussiens, et à toute minute on craignait de trouver la voie coupée. Tout à côté des rails, en contre-bas, filait une route sur laquelle passaient en toute hâte des familles de paysans chassées par la peur et le désespoir. Des femmes qui pleuraient portaient des petits enfants. Ces malheureux pressaient la fuite de quelques bestiaux. On entendait le grincement des charrettes toutes chargées de ce qu'ils avaient pu sauver. Des détonations roulaient dans la campagne. On voyait çà et là, au-dessus des haies, des panaches de fumée blanche ; toutes les têtes étaient aux portières. Le convoi allait au devant de la bataille. Un mélange d'angoisse et d'impatience m'agitait. En ce moment, un zouave parut sur le marchepied, et avertit ses camarades, de la part du lieutenant, qu'ils devaient se tenir prêts à tirer. En un clin d'œil, tous les chassepots furent chargés et armés. Le wagon s'en trouva hérissé, et la locomotive prit une allure plus rapide. On n'apercevait au loin que quelques groupes noirs ondulant dans la plaine. Des yeux perçants croyaient y reconnaître le casque à pointe des Prussiens. Tout à coup un obus parti d'un point invisible s'enfonça dans le remblai du chemin de fer ; un autre, qui le suivait, écorna l'angle d'un wagon. Le convoi en fut quitte pour la secousse. Les zouaves répondirent à cette agression par quelques coups de fusil tirés dans la direction des masses noires qu'on voyait au loin.

Une heure après, le convoi était en vue de Sedan, et s'arrêtait bientôt à la gare, qui est située à un kilomètre à peu près du corps de place. Déjà les bataillons prussiens couronnaient certaines hauteurs voisines. Les promenades qui m'avaient fatigué à Mézières et à Rethel m'attendaient à Sedan. J'avais à peine fait quelques pas dans la ville, qu'un fourrier de zouaves m'engagea, ainsi que plusieurs de mes camarades, à retourner à la gare, où des caisses de fusils étaient arrivées, disait-il. Je m'y rendis en courant. A la gare, point de caisses et point de fusils, mais des amas de pains et des monceaux de sacs remplis de biscuits. Je regardai le fourrier.

— Vous n'y comprenez rien, n'est-ce pas? me dit-il en riant : ne me fallait-il pas des hommes de bonne volonté pour enlever ces provisions? M'auriez-vous suivi, si je ne vous avais pas promis des armes?

Il n'y avait rien à répliquer à ce raisonnement. Ployant bientôt sous le poids du sac et portant un pain sous chaque bras, je repris le chemin de Sedan, où mon détachement avait ordre d'attendre sur la place Stanislas. Un ordre vint en effet qui le fit retourner à la porte de Paris, par laquelle il était entré. Une rumeur effroyable remplissait la ville. Des aides de camp circulaient, des estafettes passaient portant des dépêches, des groupes se formaient au coin des rues ; un homme vint criant qu'on avait remporté une grande victoire. Quelques incrédules hochèrent la tête. Une canonnade furieuse ne cessait pas de retentir dans la direction nord-est de Sedan. On avait le sentiment qu'une partie formidable se jouait de ce côté-là. Toutes les oreilles étaient tendues, tous les cœurs oppressés. Brusquement un sergent me tira de mon repos, et, faisant l'appel des hommes qui n'étaient pas armés, me conduisit avec quelques-uns de mes camarades à la citadelle, où enfin on nous distribua des fusils. Le commandant de place, qui assistait à cette distribution, fit aux zouaves une courte allocution pour les engager à s'en bravement servir, et au pas gymnastique le sergent nous ramena à la porte de Paris, où l'on se disposait à recevoir une attaque. Des bourgeois effarés allaient et venaient. Il y avait de grands silences interrompus par de sourdes détonations. Un cortége passa portant un uhlan à moitié mort couché sur deux fusils. De ces êtres abrutis et vils comme il s'en trouve dans toutes les foules, se ruèrent autour de la civière en criant et vociférant. Le visage pâle du blessé ne remua pas ; peut-être n'entendait-il plus ces insultes. Sur sa poitrine ensanglantée, et que laissait voir sa chemise entr'ouverte, pendait une plaque de cuir dont la vue m'intrigua beaucoup. Était-ce, comme quelques-uns le supposaient, une espèce de cuirasse destinée à protéger les soldats du roi Guillaume contre les balles des fusils français? Était-ce plus simplement une sorte d'étiquette solide sur laquelle étaient inscrits le numéro matricule du combattant, avec ceux du régiment, du bataillon et de la compagnie, et qui devait le faire reconnaître en cas de mort?

III

Le bruit du canon qui grondait toujours ne me permit pas d'approfondir plus longtemps cette question. Un sergent disposait nos hommes le long du mur d'enceinte, de cinq mètres en cinq mètres, en nous recommandant de ne pas tirer sans voir et sans bien viser. Il était à peu près six heures du soir quand je pris possession du poste qui m'avait été assigné. On nous avait prévenus que nous serions relevés à minuit : c'était une faction de six heures pour mes débuts; mais j'avais un bon chassepot à la main, tout battant neuf, et je n'aurais pas troqué mon coin où soufflait la bise contre un fauteuil d'orchestre à l'Opéra. Mes camarades et moi, nous étions tous couchés sur le rempart dans l'herbe et la rosée, observant un silence profond et l'œil au guet. Mon attention était quelquefois distraite par des mouvements qui se faisaient autour de nous. Deux compagnies de lignards firent abaisser le pont-levis, et filèrent, l'arme sur l'épaule, vers la gare du chemin de fer, où elles allaient prendre une grand'garde. On entendait leur pas dans l'ombre, et leur masse noire s'effaçait lentement dans une sorte d'ondulation cadencée.

Le froid pénétrant de la nuit se faisait sentir. Mes vêtements de laine et mon capuchon lui-même s'imbibaient de rosée; des frissons me couraient sous la peau. Dix heures sonnèrent, puis onze. Rien ne bougeait dans la plaine. Mes yeux se fatiguaient à regarder la nuit. Je me serais peut-être endormi sans le froid glacial qui, du bout de mes pieds trempés dans l'eau, montait jusqu'à mes épaules. A droite et à gauche, les corps inertes de mes compagnons de garde s'allongeaient pesamment dans le gazon terne et détrempé. De temps à autre, des monosyllabes rudes sortaient de leurs lèvres, puis tout rentrait dans le silence. Minuit arriva ; toutes les oreilles en comptèrent les douze coups. Mon enthousiasme s'était adouci. Plusieurs d'entre nous tournèrent la tête du côté par lequel nous étions venus. Rien n'y parut. Quand la demie tinta :

— A présent, murmura l'un de mes voisins que l'expérience avait rendu sceptique, ce sera comme ça jusqu'à demain.

Il ne se trompait pas. A six heures du matin, nous étions encore immobiles aux mêmes places. Pour secouer la somnolence qui faisait parfois tomber nos paupières alourdies, nous avions la distraction de quelques alertes. Ainsi, par exemple, vers une heure, des mobiles campés dans notre voisinage, entendant marcher, sautèrent sur leurs faisceaux , crièrent aux armes à tue-tête, et commencèrent un feu violent. Les officiers exaspérés couraient partout en criant : Ne tirez pas ! ne tirez pas ! mais les fusils partaient toujours. Ce beau tapage dura cinq minutes. Il s'agissait tout simplement d'une compagnie de ligne qui rentrait après une reconnaissance. Un malheureux caporal fut victime de cette fausse alerte.

Il y eut encore deux ou trois algarades semblables. La dernière me laissa sans émotion. Vers quatre heures et demie du matin, aux premières lueurs du jour, partit un coup de canon tiré des remparts de Sedan. Ce premier coup de canon marquait le commencement d'une journée qui devait compter parmi les plus irréparables désastres. Bientôt des décharges violentes suivirent cette première détonation. Je regardais , dans l'ombre qui s'éclairait , les rayons rouges de ces coups de feu retentissants. Déjà mon oreille était faite à ce bruit terrible. Appuyé sur le coude, j'en écoutais le grondement, qui ne cessait plus et redoublait d'intensité en se rapprochant. La bataille faisait rage. Cette fois j'y avais ma place marquée d'avance. Vers six heures, on vint relever le détachement qui avait passé la nuit sur le rempart.

— C'est le moment de casser une croûte, me dit le sergent, dépêche-toi ; tout à l'heure il va faire chaud.

Je ne me le fis pas dire deux fois, et, prenant ma course du côté de la ville, tout en cherchant une auberge, j'aperçus dans le *Café de la Comédie*, sur la place Stanislas, six officiers supérieurs qui jouaient au billard. Ils faisaient des carambolages, et semblaient s'amuser beaucoup tandis que des boulets prussiens frappaient les murailles voisines. J'avais avalé je ne sais quoi, je ne sais où, en quatre minutes, et retournai, toujours courant, à la porte de Paris, où tout de suite je fus mis de garde avec un autre zouave en dehors du pont-levis. Mon lieutenant, — je ne l'appelais plus monsieur, — nous avait donné pour consigne d'empêcher tout individu de passer le pont et même de se présenter de l'autre côté du fossé. Le bombardement de la ville venait de commencer : les obus sifflaient et tombaient çà et là avec ce bruit strident qu'on n'oublie jamais. C'était la première fois que je voyais le feu, je n'étais pas complétement rassuré. Mon cœur battait à coups profonds, et malgré moi je serrai la batterie de mon chassepot tout armé d'une main nerveuse. Ceux qui jurent qu'aucune émotion ne les a effleurés dans un tel moment me laissent des doutes sur leur franchise. Peut-être ont-ils plus d'orgueil que de sincérité ; peut-être aussi ont-ils cet avantage d'être pétris d'un limon particulier. Quant à moi, sans que la pensée de déserter mon poste me vînt un instant à l'esprit, j'étais en proie à des sensations indéfinissables et complexes où l'inquiétude et la curiosité avaient une égale part.

Les obus broyaient la pierre des murailles ou fouettaient l'eau des fossés. Les éclats volaient partout. Une pièce de canon placée sur le rempart, un peu à gauche de la porte, répondait aux batteries prussiennes avec une rapidité et une précision qui attirèrent bientôt leur attention de son côté. Une grêle de projectiles mit hors de service quelques artilleurs. Il était clair que les ennemis s'appliquaient à éteindre le feu de leur pièce. Ils y réussirent bientôt sans mérite aucun. Le pauvre canon se tut de lui-même faute de munitions. L'un des artilleurs qui restaient debout jeta son écouvillon avec rage ; un autre se croisa les bras sur la poitrine, quelques-uns se retirèrent lentement poursuivis par les obus.

Pendant ce duel inégal, j'allais et venais devant mon pont-levis. Les obus et les boulets, qui tout à l'heure arrivaient seuls, étaient maintenant accompagnés d'une pluie de balles qui s'aplatissaient en auréole contre les murailles, ou ricochaient sur le fer des garde-fous avec un pétillement qui agaçait mes oreilles. Nous étions, mon camarade et moi, en sentinelle sur le bord du fossé, comme des cibles vivantes contre lesquelles des Bavarois qui venaient de s'emparer de la gare exerçaient leur adresse. Ils y mettaient une grande activité. Jusqu'alors leur précipitation même nous avait préservés ; mais l'un d'eux ne pouvait-il pas rectifier son tir et atteindre enfin le point de mire offert à leurs coups ? Nous n'échangions pas un mot, nos regards parlaient pour nous. Deux ou trois jets de poussière arrachés par des balles à la crête du fossé avaient déjà volé sur mes jambières, lorsque le lieutenant, tout en laissant le pont-levis abaissé, nous fit rentrer sous le rempart.

Un soupir d'allégement, je l'avoue, souleva ma poitrine.

Cela fait, il demanda trente hommes de bonne volonté pour occuper les créneaux de l'avancée au delà du pont-levis. En ce moment, la route par laquelle il fallait nécessairement passer était balayée par une pluie d'obus et de balles qui en labouraient le sol et les abords. Cinquante zouaves se présentèrent, et les trente premiers s'élancèrent au pas de course. Retenu sous la voûte par la consigne, je les regardai partir. J'avais le cœur serré : il me semblait qu'aucun d'eux ne pourrait traverser cet ouragan de fer et de plomb ; mais déjà leur course furieuse les avait portés aux créneaux. Deux ou trois gisaient par terre ; un autre se débattait dans le fossé. A peine accroupis à leur poste d'observation, ils rendaient balle pour balle. On tirait aussi de dessus les remparts, où des compagnies de mobiles étaient alignées ; malheureusement tous les coups, dans la précipitation du feu, ne portaient pas sur les Prussiens. Quelques-uns frappaient autour des créneaux ; un zouave atteint entre les épaules resta sur place. La fusillade ne faisait plus qu'un long roulement étouffé par les décharges de l'artillerie. Le lieutenant fit sonner la retraite. Il fallait de nouveau passer le pont-levis, où le tourbillon des projectiles s'abattait. Un élan ramena les volontaires qui avaient si bravement fait leur devoir ; mais leur groupe vaillant paya sa dîme à la mort. J'en vis tomber trois encore, et le reste disparut sous la voûte : ma gorge était prise comme dans un étau.

Mon tour de servir était venu. Sur un signe du lieutenant, et à l'instant même où les derniers zouaves passaient sur le tablier du pont-levis, je m'élançai avec cinq ou six camarades complétement en dehors et me suspendis aux chaînes du pont qu'il s'agissait de relever. Les Prussiens, qui n'étaient plus tenus en respect, se précipitèrent du côté des palissades et firent un feu d'enfer. Je ne voyais plus. Autour de cette grappe d'hommes qui pesaient de toutes leurs forces sur les deux chaînes, les balles traçaient un cercle en s'aplatissant contre le mur. Il me semblait que huit ou dix allaient me traverser le corps. Elles ricochaient partout ; leur choc contre la pierre et le fer ne s'en détachait pas en coups isolés, mais faisait un bruissement continuel. Je m'étonnais de la pesanteur du pont, bien que j'eusse mis à l'épreuve la solidité de mes muscles, et de la lenteur maladroite des chaînes à glisser dans leurs rainures, et cependant cette opération qui me paraissait interminable ne dura pas plus de quinze secondes. Quand les balles trouèrent le lourd bouclier qui fermait la voûte, je me secouai : je n'avais pas une égratignure. Aucun de mes camarades non plus n'avait été touché.

— C'est la chance, murmura un caporal qui s'essuyait le front.

Un de mes voisins me tapa sur l'épaule, et m'engagea à le suivre sur le rempart.

— Tu comprends, me dit-il, qu'il n'y a plus rien à faire ici ; là-haut, nous verrons tout : ce doit être drôle.

Cette dernière observation me décida. On avait bien là-haut, comme disait le zouave, l'inconvénient des obus qui tombaient çà et là; mais on pouvait aisément se défiler des balles. Je m'étendis sur l'herbe, et me mis à fumer quelques cigarettes, tout en ne perdant aucun détail du spectacle que j'avais sous les yeux. Des nuages de fumée montaient dans l'air, des fermes brûlaient ; on distinguait des ondulations noires parmi les champs. Çà et là, des hommes isolés couraient. Des masses profondes s'avançaient au loin.

— Ça, c'est l'infanterie, me dit mon voisin, qui savourait ma pipe... Ces gueux-là en ont des tas.

Il s'interrompit pour m'emprunter une pincée

de tabac, et, allongeant le bras dans la direction d'un hameau :

— Cette poussière qui roule tout là-bas, c'est des uhlans ; plus on en tue, plus il y en a.

J'étais sur mon rempart comme dans une stalle d'orchestre ; mais les drames militaires que j'avais vus au théâtre ne m'avaient donné qu'une médiocre idée du spectacle terrible dont les scènes se déroulaient sous mes yeux : je ne comptais plus les cadavres épars dans les champs. Quelque chose qui se passait à ma gauche me fit tout à coup me relever à demi. Sur un plateau qui s'étend au-dessus de Sedan et qui fait face à la Belgique, un régiment de cuirassiers lancé au galop exécutait une charge. Les rayons du soleil frappaient leur masse éclatante. Les cuirasses semblaient en flammes : c'était comme une nappe d'éclairs qui courait. On voyait leurs sabres étinceler parmi les casques. L'avalanche des escadrons tombait sur les lignes noires de l'infanterie bavaroise, lorsque les batteries prussiennes aperçurent nos cuirassiers. Soudain le vol des obus qui battait le rempart passa avec un bruit strident au-dessus de nos têtes et tourbillonna sur le plateau. Je vis des rangs s'ouvrir et des chevaux tomber. Je sentais mon cœur battre à m'étouffer. Il arrive souvent que les émotions n'atteignent pas au niveau de ce qu'on espérait ou redoutait ; mais au milieu de ce bruit formidable , en présence de ces fourmilières d'hommes qui marchaient dans le sang, celles qui m'agitaient dépassaient en violence tout ce que j'avais pu supposer.

Pendant toute la matinée, on avait cru dans Sedan que nous étions vainqueurs ; c'était moins cependant une croyance qu'un espoir. Quelques officiers essayèrent même de relever le moral des soldats par des récits fantastiques.

— Courage, mes enfants, disaient-ils, Bazaine arrive!

Hélas! ce ne fut point Bazaine, mais un nouveau Blücher avec 100,000 hommes encore! Vers midi, le bruit se répandit parmi les groupes que l'armée prussienne, augmentée subitement d'un gros renfort de troupes fraîches, avait pris l'offensive, et que les nôtres, fatigués d'une lutte inégale, battaient en retraite. A deux heures à peu près, la débandade commença. Du sommet du rempart, où j'étais toujours placé avec les autres zouaves de mon détachement, j'assistais à cette retraite, qui prenait de minute en minute l'aspect d'une déroute. Les régiments que j'apercevais au loin flottaient indécis. Les rangs étaient confondus; plus d'ordre. Dans cette foule, les projectiles faisaient des trouées. Des bataillons s'effondraient ou s'émiettaient. Je ne perdais pas l'occasion de faire le coup de feu.

Nous tirions à volonté, et nous ménagions nos cartouches. Je me sentais pris de rage à la vue des Prussiens, dont les casques pointus s'avançaient de toutes parts. Il en tombait quelques-uns ; mais la masse de leurs tirailleurs affluait toujours. De singulières idées vous traversent l'esprit en ces moments-là. Tout en chargeant et déchargeant mon chassepot avec la sage lenteur d'un homme qui a beaucoup chassé, je me rappelai ces grandes battues de lièvres auxquelles j'avais assisté dans le pays de Bade pendant la saison d'automne. J'y prenais un plaisir extrême ; je ne me doutais pas qu'un jour viendrait où ces mêmes coups que j'envoyais à d'innocentes bêtes, je les dirigerais contre des hommes.

Je voyais mes voisins relever la tête par un mouvement vif après chaque coup, et regarder au loin pour voir s'il avait porté. Parfois un rire éclatant témoignait de leur contentement, un juron de leur déconvenue. De malheureux blessés se traînaient le long des haies, usant ce qui leur restait de force pour chercher un abri. Des soldats tombaient lourdement comme des masses, les bras en avant, et ne remuaient plus ; d'autres pirouettaient sur eux-mêmes, ou bondissaient comme des chevreuils surpris dans leur course et se débattaient dans l'herbe. Je pus remarquer l'effroyable dose de férocité qui se réveille dans le cœur de l'homme quand il a une arme dans les mains. On a soif de sang humain ; on ne pense plus qu'à tuer. Cette férocité qui précipite l'attaque n'a d'égale que la peur qui précipite la fuite.

— *Ça mord*, dit à côté de moi un zouave.

Je me demandais ce que pouvait signifier ce verbe, quand j'aperçus un soldat prussien qui, rampant le long d'un talus, cherchait à gagner la palissade que nous venions d'abandonner. De temps en temps il épaulait et tirait. J'attendis un passage où l'ondulation du terrain le forçait à se mettre à découvert. Au moment où il s'y engageait, je fis feu. Il lâcha son fusil et roula dans le creux.

— Tu as mordu, me dit le zouave.

J'éprouvai un frémissement profond dans tout mon être ; mais l'affaire était trop chaude pour me permettre d'analyser mes sensations. Les projectiles ne cessaient pas d'égratigner la crête du rempart contre lequel nous étions couchés. Il y avait à ma gauche un engagé volontaire qui avait voulu, comme moi, faire partie du 3e zouaves. Je l'avais rencontré dans le wagon pris à Harrison. Le premier obus qui éclata dans son voisinage ne lui fit pas cligner les yeux. Un moment vint où il manqua de cartouches. Un caporal, qui en avait une provision, lui en jeta un paquet ; mon jeune voisin se leva sur les genoux pour le ramasser. Sa tête dépassa un instant le niveau du parapet. Je vis tout à coup son visage tomber sur sa main, qui devint rouge ; une balle lui était entrée par la nuque et sortie par la bouche ; je m'élançai vers lui.

— Il est mordu ! reprit mon vieux voisin.

J'avais le cœur un peu lourd. Un mouvement machinal m'avait fait allonger les doigts vers le paquet de cartouches qu'un filet de sang gagnait. J'en mis une partie sur l'herbe autour de moi, et le reste dans mes larges poches.

— Tu n'as donc pas de ceinturon ? me dit l'homme qui conjuguait si bien le verbe mordre. Et sur ma réponse négative :

— Quelle brute ! fit-il en haussant les épaules.

Débouclant alors le ceinturon du pauvre mort, froidement il l'ajusta autour de ma taille. Nous continuions à tirailler.

— Trente hommes de bonne volonté ! cria tout à coup notre lieutenant.

Je fus sur pied aussitôt. La plupart de mes camarades étaient debout.

— Il s'agit de retourner aux créneaux et vivement ! cria le lieutenant.

Nous partîmes tous en courant. Déjà les chaînes du pont-levis s'abaissaient. Notre élan fut si rapide, que plusieurs d'entre nous se trouvèrent sur le tablier, suspendus dans le vide, avant qu'il eût touché le bord opposé. Arrivés là, un bond nous porta vers les créneaux. Les Prussiens, embusqués de l'autre côté, nous envoyaient des décharges terribles presque à bout portant. On a la fièvre dans ces moments-là, et la bouche d'un canon ne vous ferait pas peur ; mais quelle ne fut pas ma stupéfaction d'apercevoir, en arrivant à mon poste, que le revers du créneau était habité ! Devant moi soufflait un visage rouge que coupait en deux une longue paire de moustaches hérissées. Un casque luisait au sommet de ce visage qui grimaçait. Deux canons de fusil s'abattirent dans l'ouverture du créneau presque en même temps, l'un menaçant l'autre; mais le mien partit le premier. J'entendis un cri étouffé, et le visage rouge disparut. Je ne me risquai pas à regarder de l'autre côté. Les mobiles rangés le long du rempart tiraient toujours, et quelques-unes de leurs balles arrivaient dans le clos où nous restions accroupis; mais les Prussiens nous donnaient trop de besogne pour qu'aucun de nous eût le temps de s'occuper de ce qui se passait derrière lui.

Une violente détonation cependant me fit tourner la tête : c'était le canon, dont un premier coup avait attiré l'attention des batteries prussiennes, qui envoyait des paquets de mitraille aux maisons voisines pour en déloger les Bavarois. Des cartouches de chassepot lui avaient fourni la poudre et les balles. A la première décharge, les soldats à la veste bleue ou couverts de la lourde capote grise, sautèrent comme des rats surpris par une explosion dans leur grenier. Les plus agiles bondissaient par-dessus les murs et les enclos ; les plus fins ou les plus timides rampaient çà et là, profitant du moindre pan de muraille, des plis du terrain, des obstacles épars sur la route, pour dissimuler leur présence. D'autres, qui ne voulaient pas reculer, se faisaient un abri de quelque bout de haie ou d'une borne jetée à l'angle d'une maison, et continuaient à tirailler. Prussiens et Français, nous étions tous en embuscade. Je n'avais qu'un petit nombre de cartouches, et je les ménageais. Mes camarades et moi, nous n'échangions que de rares monosyllabes. Les yeux, les oreilles, les pensées, l'âme et le cœur, tout appartenait à la bataille. On voulait tuer, tuer encore, toujours tuer. Du bout du fusil, on cherchait sa proie ; on avait des joies subites et des sourires nerveux quand un corps tombait et augmentait la ceinture de cadavres qui bordait la palissade. On m'avait parlé de la fièvre épouvantable que donne la chasse à l'homme : j'en avais l'abominable feu dans les veines.

IV

Nous ne savions rien de la bataille, dont les bruits retentissaient depuis le matin. Un horizon de fumée nous entourait ; mais on comprenait, à la violence des détonations, qu'elle se rapprochait de plus en plus. Nous sentions vaguement que l'armée allait être prise dans Sedan. Elle s'y engouffrait lentement. Autour des remparts, des tourbillons d'hommes s'agitaient pêle-mêle, les cavaliers avec les fantassins. On y voyait les régiments s'éparpiller et se dissoudre. Un coup de clairon nous rappela sur les remparts ; il y avait deux heures que je brûlais de la poudre. Deux heures après, un coup de clairon me renvoya aux palissades : j'avais renouvelé ma provision de cartouches. Je ne sentais plus ni la fatigue, ni le soleil, ni la faim.

Tout à coup la nouvelle qu'un armistice de vingt-quatre heures venait d'être signé circula avec la rapidité de l'étincelle électrique. Presque aussitôt le drapeau blanc fut arboré sur le rempart.

— Voilà le chiffon ! me dit un zouave d'Afrique en me poussant du coude.

Tous, nous nous mîmes à le regarder d'un air d'hébêtement. A la furie de la bataille succédait une sorte d'anéantissement. J'essuyai machinalement mon fusil, dont la culasse était noire de poudre et dont le canon fumait. Mes camarades grondaient entre eux ;

— Et l'homme aux graines d'épinard de ce matin, où donc est-il? En voilà des généraux qui ne valent pas un caporal ! murmura l'un d'eux.

Je me rappelai en effet que, dans la matinée, un officier supérieur, général ou colonel, je ne sais lequel, qui commandait à la porte de Paris, était passé dans nos rangs, et, relevant la tête d'un air d'importance, prenant une pose fastueuse :

— Mes enfants, avait-il dit, vous êtes les zouaves d'Afrique ; je m'engage à vous faire passer sur le ventre des Prussiens et à vous ramener à Paris !

Nous n'avions plus à passer sur le ventre de personne, et de soldats nous allions devenir prisonniers.

Les batteries prussiennes continuaient à tirer, tandis que le drapeau blanc continuait à flotter. Mon pauvre détachement, diminué de quelques hommes, descendit le rempart et s'engagea dans la rue de Paris, où, réuni à d'autres compagnies, il forma une haie d'honneur. Les obus éclataient çà et là, faisant voler le plâtre et les briques. Nous avions l'arme au pied. Les plus vieux hochaient la tête. On ne leur avait rien dit, et ils avaient la certitude que c'était fini. Aucun de nous ne savait ce que nous faisions là. Que nous importait, du reste? Le vol des obus qui ricochaient sur les pavés ou égratignaient au passage la façade des maisons nous laissait indifférents. Des officiers, des aides de camp montaient et descendaient la rue. L'un d'eux se dirigea vers le rempart et fit appeler le portier-consigne, qui requit une corvée de quelques hommes.

— Bien sûr on attend un parlementaire, me dit mon voisin.

Mes regards se portèrent vers la voûte que j'avais si souvent traversée, et où l'on distinguait sur la pierre noire la trace blanche des balles.

Le pont-levis abaissé, les barrières ouvertes, un colonel bavarois accompagné d'un trompette traversa nos rangs. Des officiers français lui faisaient escorte. Tous les yeux le suivaient ; il portait le casque et la grande capote grise. C'était un homme grand, maigre et blond. Ses yeux pâles, couleur de faïence, clignotaient sous ses lunettes d'or en nous regardant. Un trompette, qui le suivait d'un pas méthodique, avait une longue figure blafarde sur laquelle deux énormes favoris rouges traçaient un arc de cercle. Il portait une sorte de bonnet à poil et l'uniforme rouge des hussards prussiens. Son rayon visuel, maintenu par la discipline, avait pour objectif les épaules de son colonel. L'attitude de celui-ci offrait un mélange d'insolence et d'embarras. Il avait à peine fait une centaine de pas, lorsqu'un obus, parti des lignes prussiennes, vint tomber à dix mètres de lui. Il eut un tressaillement, et se tournant vers ceux qui l'accompagnaient :

— Messieurs, je vous demande mille pardons ; c'est une impolitesse que nous faisons là. Nos batteries n'ont certainement pas vu le drapeau blanc... C'est incroyable !

Cette « impolitesse, » comme disait le colonel prussien, avait coûté la vie à deux pauvres diables, et, comme on les emportait sur quatre fusils :

— Ah ! mille pardons ! répéta-t-il tout en continuant sa route.

Un peu moins d'obus et un peu plus de silence eussent mieux fait l'affaire de Sedan. Les projectiles y tombaient toujours, tuant, blessant, effondrant. Le drapeau blanc hissé sur le rempart ne mettait point de terme à l'attaque, et n'empêchait que la défense. Cependant, vers six heures du soir, le feu se ralentit, et, petit à petit, il s'éteignit. Un silence morne, plein de bourdonnements et de rumeurs tristes, s'abattit sur la ville. On nous avait défendu de remonter sur les remparts. Malgré cette interdiction formelle, les soldats s'y pressaient. L'un d'eux, dans une minute d'exaspération, lâcha un coup de fusil. Des hurlements féroces lui répondirent. Nos officiers accoururent. Un capitaine se dévoua, et, pour éviter une rixe imminente, se rendit auprès d'un colonel prussien qui avait le commandement hors des murs, et lui porta des excuses. Le pont-levis auprès duquel j'avais brûlé mes premières cartouches était resté abaissé. Deux sentinelles françaises se promenaient sous la voûte, et deux sentinelles prussiennes leur faisaient vis-à-vis sur le revers du fossé. Je ne savais que faire. J'allais de long en large, quelquefois seul, quelquefois avec un camarade. On échangeait quelques mots au passage. La colère faisait tous les frais de l'entretien. Je n'étais plus soutenu pàr l'ardeur de la lutte. Une immense réaction se faisait, suivie d'un immense accablement. Je tombai par terre plus que je ne m'y couchai, et m'endormis d'un lourd sommeil.

Une clameur horrible me réveilla vers neuf heures. A peine ouverts, mes yeux furent éblouis par la clarté d'un incendie que l'armée prussienne saluait d'un hurrah frénétique. Trois ou quatre maisons flambaient dans la nuit. Enveloppé de mon fidèle tartan, je restai étendu sur le dos, regardant brûler cet incendie qui projetait de grandes lueurs sur le ciel. La voix du canon aurait pu seule me tirer de mon immobilité. Je n'avais pas bien le sentiment de mon existence. Des zouaves, dans toutes les attitudes, dormaient ou fumaient la pipe autour de moi. Que de choses s'étaient passées depuis deux jours ! Je regardais mes mains noires de poudre. Un bruit sourd et continu me tira de cet anéantissement. Des masses épaisses et sombres marchaient dans l'obscurité de la nuit et passaient devant moi : c'étaient les débris de l'armée qui avait perdu la bataille suprême. Vaincue et brisée, elle se rangeait autour des remparts. Des régiments de ligne entiers suivaient l'infanterie de marine, qui avait si vaillamment payé la dette du sang. Beaucoup d'entre eux n'avaient même pas donné. Des mots sans suite nous apprenaient que le maréchal de Mac-Mahon avait été blessé, — quelques-uns le disaient mort, — et que des mains du général Ducrot le commandement avait passé aux mains du général Wimpfen. L'éclair vacillant des baïonnettes reluisait au-dessus des képis. Cette foule énorme marchait d'un pas lourd : elle portait le poids d'une défaite. Une partie de la nuit se passa dans ce tumulte. J'ouvrais et je fermais les yeux tour à tour : des bataillons suivaient des bataillons ; je les entrevoyais comme dans un rêve.

Le matin me trouva sur pied. Il y avait dans la ville un encombrement de soldats de toutes armes confusément rassemblés dans les rues et sur les places publiques. Cette multitude, où l'on ne sentait plus les liens de la discipline, bourdonnait partout. Des soldats qui portaient des lambeaux d'uniforme erraient à l'aventure. C'était moins une armée qu'un troupeau. Soudain un mouvement se fit dans cette masse. Une voiture parut attelée à la Daumont. Un homme en petite tenue s'y faisait voir portant le grand cordon de la Légion d'honneur; un frisson parcourut nos rangs : c'était l'empereur. Il jetait autour de lui ces regards froids que tous les Parisiens connaissent. Il avait le visage fatigué; mais aucun des muscles de ce visage pâle ne remuait. Toute son attention semblait absorbée par une cigarette qu'il roulait entre ses doigts. On devinait mal ce qu'il allait faire. A côté de lui et devant lui, trois généraux échangeaient quelques paroles à demi-voix. La calèche marchait au pas. Il y avait comme de l'épouvante et de la colère autour de cette voiture qui emportait un empire. Un piqueur à la livrée verte la précédait. Derrière venaient des écuyers chamarrés d'or. C'était le même appareil qu'au temps où il allait sur la pelouse de Longchamps assister aux courses du grand prix. Deux mois à peine l'en séparaient. On penchait la tête en avant pour mieux voir Napoléon III et son état-major. Une voix cria : *Vive l'empereur!* une voix unique. Toute cette foule armée et silencieuse avait le vague sentiment d'une catastrophe. Un homme s'élança au devant des chevaux, et, saisissant par les jambes un cadavre étendu au milieu de la rue, le tira violemment de côté. La calèche passa; j'étouffais. Quand je ne vis plus celui que plus tard on devait appeler l'homme de Sedan, un grand soupir souleva ma poitrine. Celui qui avait dit : L'Empire, c'est la paix, disparaissait dans la guerre.

Le spectacle que présentait alors Sedan était navrant. On se figure mal une ville de quelques milliers d'âmes envahie par une armée en déroute. Des soldats endormis gisaient au coin des rues. Plus d'ordres, plus de commandement. Des familles pleuraient devant les portes de leurs maisons visitées par les obus. Il y avait un fourmillement d'hommes partout; ils étaient, comme moi, dans la stupeur de cet épouvantable dénouement. J'errai à l'aventure dans la ville. Des figures de connaissance m'arrêtaient çà et là. Des exclamations s'échappaient de nos lèvres, puis de grands soupirs. Le bruit commençait à se répandre que l'empereur s'était rendu au quartier général du roi Guillaume. Les soldats, furieux, ne lui épargnaient pas les épithètes. On lui faisait un crime d'être vivant. Les officiers ne le ménageaient pas davantage. On questionnait ceux, — et le nombre en était grand, — qui l'avaient vu passer dans sa calèche. L'histoire de la cigarette soulevait des explosions de colère. — Un Bonaparte ! disait-on.

Vers deux heures, un caporal de ma compagnie m'avertit que les zouaves qui occupaient la porte de Paris avaient reçu ordre de rallier ce qui restait du régiment, campé sur la gauche de la citadelle en faisant face à la Belgique. J'y trouvai quelques centaines d'hommes sur lesquels la furieuse bataille qu'ils venaient de traverser avait laissé d'épouvantables traces. Quelques-uns, accroupis par terre, rafistolaient des lambeaux d'uniforme ; d'autres pansaient des blessures qu'ils dédaignaient de porter à l'ambulance.

Un commandant dont j'avais fait la connaissance au camp de Châlons, et qui gracieusement m'avait promis de faire tout ce qui dépendrait de lui pour rendre moins dures les premières fatigues du noviciat militaire, vint à moi, un triste sourire aux lèvres.

— Eh bien! me dit-il, vous avais-je trompé?

— Ma foi! tout y est, la misère, les privations, le sang!...

— Et vous ne comptez pas ce que nous réservent les conséquences d'une défaite que mon expérience du métier n'allait pas jusqu'à prévoir.

Je l'interrogeai du regard.

— Vous verrez, reprit-il. Et tout ce que vous pouviez rêver de pire sera dépassé.

Il soupira, et se mettant à marcher :

— Vous n'êtes pas blessé au moins?

— Non, pas une égratignure, rien.

— C'est une chance! que de braves gens qui sont morts depuis que je ne vous ai vu! Sedan, après Reichshoffen! notre régiment est en poudre. Vous savez, tous ceux que vous avez vus près du colonel il y a quinze ou vingt jours, tous morts... morts ou disparus !...

Il était devenu très-pâle.

— Vous n'avez besoin de rien? reprit-il brusquement.

— Non, merci, commandant.

— Au reste, nous n'allons pas nous quitter de quelques jours ; si je puis vous être bon à quelque chose, disposez de moi.

Je le remerciai et il s'éloigna lentement, jetant çà et là des regards sur la bande vêtue de vêtements en loques qui avait été un régiment.

Le lendemain, — je ne l'oublierai jamais, — on afficha partout la proclamation du général de Wimpfen, qui avait signé la capitulation de la ville et de l'armée. Tous nous étions prisonniers de guerre.

Il n'y eut plus ni frein, ni discipline ; l'armée était comme affolée. Des groupes énormes s'arrêtaient aux places où l'affiche était collée;

il en sortait des imprécations. Ce mot dont on a tant abusé depuis, *trahison !* volait de bouche en bouche. On était livré, vendu! Après avoir été de la chair à canon, le soldat devenait de la chair à monnaie : tant d'hommes, tant d'or. Un bourdonnement terrible remplissait la ville. On ne saluait plus les généraux. Des bandes passaient en vociférant le long des rues, et s'agitaient dans cette enceinte trop étroite pour leur foule. Il y avait çà et là comme des houles faites de cuirassiers, de hussards, d'artilleurs, de dragons, de lignards. L'ivresse s'abattait partout. Un mot ne me sortait pas de la tête : Prisonnier! et j'avais fait une campagne de trois jours ! Je rencontrai mon commandant :

— Eh bien? me dit-il.

Je ne trouvai pas une parole à lui répondre. Il me serra la main et passa. Il y avait des visages sur lesquels on lisait un désespoir terrible. Il me semblait qu'avec un régiment de ces visages-là on aurait fait une trouée partout. Avec quel plaisir n'aurais-je pas sauté sur mon fusil, si le signal de l'attaque avait été donné ! mais rien! Des cohues qui tournaient dans une ceinture de remparts !

On s'accostait, on se quittait, on se reprenait. Le vieux zouave qui m'avait pris en amitié depuis les palissades, marchait à côté de moi. Il riait dans sa barbe semée de fils d'argent.

— Prisonnier ! sais-tu ce que c'est, petit ? me disait-il. C'est du pain noir, de l'eau, des casemates, de la terre à remuer, quelquefois des coups... Et pas un brin de tabac à fumer ! Ça ne s'était jamais vu ! Et dire qu'on m'a fait venir d'Afrique pour ça ! Être pris dans son pays comme un rat dans une souricière quand on a passé par Inkermann et Solferino, c'est drôle tout de même ! Ce sont les Arabes qui vont rire ! Mon vieux régiment abîmé, les officiers morts, adieu les zouaves du 3e ! Toi, tu viens de Paris; ça se voit à ton air ; moi, j'arrive d'Oran, et toi et moi nous tomberons en Allemagne !... Est-ce qu'on n'a pas fait ce qu'on a pu, dis ? voyons, dis-le pour voir !

Je crus un instant qu'il allait me chercher querelle ; il me regardait avec des yeux furibonds. Je me hâtai de le calmer en lui jurant que c'était aussi mon avis.

— Alors, vois-tu, c'est la faute des généraux, avoue-le, reprit-il.

Un tapage abominable interrompit notre conversation. C'était l'administration qui donnait à piller les subsistances de l'armée. On courait, on se bousculait, on se battait : c'était une crise aiguë dans le désordre. Je perdis mon vieux zouave dans la foule comme on perd de vue un chevreuil dans une forêt. Des bandes se ruaient autour des caisses de biscuits et des barils de salaisons en poussant des cris formidables. On défonçait à coups de crosse les tonneaux de vin et d'eau-de-vie. Le liquide coulait dans les rues. Les plus proches en avaient jusqu'aux chevilles. A cent mètres de ce gaspillage hideux des régiments mouraient de faim. Les repus vendaient le produit de leur rapine aux affamés. On mettait aux enchères les pains de munition et les pièces de lard. Je me tirai comme je pus de cette cohue qui trébuchait. Après l'indignation, le dégoût.

V

Ce sommeil de plomb qui m'avait surpris sur l'herbe aux approches de la citadelle, m'attendait dans le même campement. Une lassitude extrême m'accablait, une lassitude nerveuse qui venait du cerveau plus que des membres. J'étais littéralement brisé. Au réveil, je devais entrer dans un cauchemar plus terrible. Les régiments reçurent l'ordre de livrer leurs armes. Non, jamais je n'oublierai le spectacle à la fois superbe et lugubre qui frappa mes yeux. Un frémissement parcourut la ville. La mesure était comble ; c'était comme le déshonneur infligé à ceux qui restaient des héroïques journées de Spickeren et de Reischoffen, de Wissembourg et de Beaumont. Ce fut bientôt un tumulte effroyable. Les vieux soldats d'Afrique faisaient pitié. Ils se demandaient entre eux si c'était bien possible. On en voyait qui pleuraient. Moi-même, — et je n'étais qu'un conscrit, — j'avais des larmes dans les yeux. Ce chassepot que je n'avais guère que depuis trois jours et avec lequel j'avais fait mes premières armes, ce chassepot auquel j'avais adapté, en guise de bretelle, un lambeau de ma ceinture de zouave, et qui sentait encore la poudre, il fallait donc le livrer! Je le pris par le canon, et, le faisant tournoyer au-dessus de ma tête, je le rompis en deux morceaux contre le tronc d'un arbre. Je ne faisais d'ailleurs que ce que faisaient la plupart de mes camarades. C'était partout un grand bruit de coups de crosses contre les murs et les pavés. On n'apercevait que soldats armés de tournevis qui démontaient la culasse mobile de leurs fusils, et en jetaient les débris. Les artilleurs, attelés aux mitrailleuses, en arrachaient à la hâte un boulon, une vis, en brisaient un ressort pour les mettre hors de service. D'autres, fous de rage, silencieusement, enclouaient leurs pièces. C'était dans tout Sedan comme un grand atelier de destruction ; les officiers laissaient faire. Les cavaliers jetaient dans la Meuse les sabres et les cuirasses, les casques et les pistolets : on marchait sur des monceaux de débris. Chaque pas arrachait au sol un bruit de métal ; c'était la folie du désespoir.

Il fallut enfin que la sinistre promenade commençât. Je revis la porte de Paris et le pont-levis où j'avais fait le coup de feu. La longue cohue des prisonniers arriva devant le petit bourg, au delà des palissades d'où nous avions essayé de déloger les Bavarois. Les maisons en étaient criblées de balles, quelques-unes étaient effondrées ; mais déjà les corvées prussiennes en avaient retiré les cadavres. Des familles tremblaient autour de leurs demeures. Un officier d'état-major à cheval attendait la colonne des pantalons rouges. A mesure que nous passions :

— Par ici, messieurs de l'infanterie ! Par là, messieurs de la cavalerie ! criait-il d'une voix forte. Fantassins et cavaliers s'ébranlaient et se rangeaient à droite et à gauche. Pendant une heure, ces grands troupeaux d'hommes attendirent dans la boue. Cet abattement qui suit les grands désastres les avait saisis. Les plus las se couchaient sur les tas de pierres. La faim l'emporta sur mon marasme, et, tirant de ma poche un biscuit et un morceau de lard cru, j'y mordis à belles dents. Personne autour de moi ne savait où nous allions. Au bout d'une heure, la colonne se remit en marche. La route était détrempée de flaques d'eau dans lesquelles nous entrions jusqu'à mi-jambe. Échelonnés le long de cette route, des pelotons composés d'une vingtaine de soldats prussiens montaient la garde de 50 mètres en 50 mètres. Immobiles, ces soldats nous regardaient passer. Ils portaient devant eux une cartouchière ouverte où nous pouvions voir des cartouches admirablement rangées. Pendant que l'infanterie veillait sur la masse mouvante des prisonniers, des cavaliers, le pistolet au poing, couraient à travers champs, et ramenaient ceux qui s'égaraient. Les coups de plat de sabre pleuvaient. Nous marchions sans ordre, officiers et soldats pêle-mêle. Le respect avait disparu avec la discipline. Les capotes grises ne se gênaient pas pour heurter au passage les manches galonnées d'or. Les cavaliers bousculaient leurs capitaines. C'était l'anarchie sous l'uniforme, la pire de toutes ; des rixes s'ensuivaient quelquefois.

A l'extrémité de la route que nous suivions s'ouvrait un pont qui enjambait un canal, et donnait accès dans une sorte d'île formée par une grande courbe de la Meuse, qui dessine un oméga. Les deux pointes de l'oméga sont reliées par ce canal, qui ferme hermétiquement l'île vers laquelle on nous poussait par troupes. Nous étions dans l'île d'Iges, ou presqu'île de Glaires, comme dans une prison. Une rivière lui sert de murailles. Une ceinture d'eau n'est pas un obstacle moins infranchissable souvent qu'une ceinture de briques et de moellons. Il m'a été facile d'en faire l'expérience pendant les quelques jours que j'ai passés dans l'île, tournant autour de mon domaine avec la monotone et patiente régularité des animaux en cage, qui fatiguent le regard par la constance de leur marche inutile.

Les vieux zouaves jetaient un coup d'œil autour d'eux froidement. Les plus jeunes pressaient le pas pour mesurer l'étendue du champ qu'on leur livrait. Une tristesse sombre se peignait sur quelques visages ; d'autres, en plus grand nombre, exprimaient l'abattement. La colère était tombée.

— C'est à présent que les taquineries vont commencer, me dit mon voisin.

Le vieux qui m'avait fait un discours la veille vint à moi, et, me frappant sur l'épaule :

— Tu dois être content, me dit-il, on arrange tes débuts à toutes les sauces. Puis se reprenant : As-tu du tabac ?

J'en avais encore une mince provision au fond de mes poches ; je lui en offris une pincée. Je compris alors à l'épanouissement de son visage quelle place le tabac tient dans la vie du soldat ; une pipe bourrée, c'est l'oubli de toutes les misères.

— Tu es un bon garçon, me dit-il en me serrant la main d'une façon à me briser les os.

Je venais de conquérir un ami qui se serait fait tuer pour moi pendant cinq minutes.

La presqu'île de Glaires se compose d'une légère éminence dont les deux versants s'abaissent vers la Meuse ; on y découvre un petit village, une assez grande maison d'habitation et un moulin. Au point de jonction de la rivière et du canal, un barrage alimente les écluses de ce moulin ; de l'autre côté de la Meuse, de grandes prairies s'étendent jusqu'au pied de collines boisées qui couronnent l'horizon, et que l'armée prussienne occupait encore.

Des officiers prussiens allaient et venaient dans l'île d'un pas méthodique et roide, indiquant à chacun des corps dont se composait cette armée de prisonniers quel emplacement il devait occuper. Point d'hésitation, point d'embarras. Un jeune lieutenant, mince et fluet, pâle et blond, nous servait de guide. Nous nous avancions et nous nous arrêtions sur un signe de sa main ; par moments, à ce signe muet il ajoutait un mot. Il tenait un carnet à la main, où je suppose que les vaincus dont il répondait étaient classés par numéros d'ordre. Une dernière fois nous fîmes halte sur l'un des versants de l'éminence. D'une voix claire et nous montrant le sol du bout du doigt :

— C'est ici, messieurs, nous dit l'officier.

Il était huit heures du soir. Sous nos pieds des touffes d'herbes humides s'étendaient sur un lit de boue.

— As-tu choisi ta place ? me dit un camarade. Et d'un air de philosophie gouailleuse : — Si tu veux la moitié de mon lit, prends, ajouta-t-il.

Il venait de se coucher tout de son long par terre ; je l'imitai.

Quand j'ouvris les yeux, la rosée et la pluie m'avaient percé jusqu'aux os ; je pouvais croire que le tartan qui me servait de couverture était tombé dans la rivière. Je grelottais. Il faisait encore nuit ; mais des lueurs ternes qui dessinaient la crête des collines me faisaient comprendre que le jour n'allait pas tarder à paraître. Je me levai, et pour me réchauffer autant que pour assouvir ma faim, j'allai dans les champs arracher des pommes de terre. J'avais eu beau fouiller dans mes poches, je n'y avais pas trouvé une miette de biscuit ni une parcelle de lard : je n'avais plus d'autre fournisseur que le hasard. Je n'avais pas fait cinquante pas dans la campagne, que j'aperçus des ombres errant çà et là à l'aventure. Elles se baissaient vers la terre, et se relevaient par mouvements alternatifs et irréguliers. Je compris que cette même pensée dont j'étais fier avait germé dans l'esprit d'un nombre respectable de soldats. Tous les pieds de pommes de terre avaient été proprement secoués.

— Un peu plus loin, il y en aura encore pour

tout le monde si tu te presses, me dit un grenadier.

Je m'écartai. La pluie tombait toujours. A la première clarté du matin, mes yeux ravis reconnurent un troupeau de moutons broutant l'herbe à l'extrémité d'un champ voisin.

— Des côtelettes ! me cria un camarade qui m'avait suivi.

J'avais déjà pris ma course du côté du berger. C'était un petit vieux grisonnant qui rêvait sous sa limousine, les deux mains sur son bâton.

— Combien le mouton ? lui dis-je.

— C'est que je ne suis pas le maître, et je ne sais pas si le propriétaire,... me répondit-il en se grattant l'oreille.

— Dis toujours.

— Dame ! répliqua-t-il en clignant de l'œil, on pourra croire tout de même que des maraudeurs en ont volé un,... ça s'est vu.

— Certainement.

— Alors c'est quatre francs.

Je lui donnai cent sous, et j'emportai le mouton sur mes épaules. On me vit passer en courant avec ma proie vivante. Le bruit se répandit, comme une traînée de poudre dans les campements, qu'un troupeau de moutons paissait aux environs. Zouaves et chasseurs d'Afrique se mirent en campagne comme des gens pour qui aucune razzia n'a de mystères. La clientèle du berger augmenta à vue d'œil. Il prit goût à sa spéculation, et, ses prétentions augmentant avec ses scrupules, la bête que j'avais eue pour quatre francs en valait quarante une heure après : le troupeau s'évanouit comme un brouillard.

J'avais bien l'animal, et il n'était pas maigre, l'île me fournissait assez de broussailles pour avoir du feu ; mais où trouver du sel ou du poivre? Où découvrir du pain surtout? Recherches, offres brillantes, supplications, rien ne me réussit. Mon compagnon n'avait pas été plus heureux. Il fallut se résigner à s'asseoir autour d'un quartier de mouton accommodé à la diable dans sa graisse. On l'avalait, on ne le mangeait pas. Quelques pommes de terre cuites sous la cendre me consolaient un peu. Nous eûmes du mouton, à dîner et à déjeuner, pendant trois jours. La faim seule pouvait combattre l'aversion qu'il m'inspirait. Une heure vint où il n'en resta plus un débris. J'eus l'ingratitude de m'en réjouir. Les tristesses et la sobriété farouche des jours suivants l'ont bien vengé. Pendant le règne du mouton, j'avais eu des instants de volupté ; ils m'étaient offerts par des camarades sous la forme d'un quart de biscuit ou d'un peu de café. Ces magnificences m'éblouissaient. Elles ne durèrent qu'un temps ; mais ce qui mettait le comble à mon extase, c'était une cigarette. J'avais usé de ma petite provision de tabac avec la prodigalité d'un fils de famille qui croit que les cantines suivent le soldat dans toutes ses aventures ; j'avais compté sans la captivité.

Un matin, errant sur la lisière de mon campement, j'aperçus un groupe de soldats qui gesticulaient avec une animation singulière. Des exclamations sortaient de ce groupe. Je m'approchai, et vis un zouave qui, debout au milieu d'un cercle avide, mettait aux enchères une cigarette dont l'enveloppe de papier contenait un mélange bizarre de poussière de tabac et de mie de pain ramassées avec les ongles au fond des cavités que recélait son large pantalon. On offrait ce qu'on avait, quatre sous, cinq sous, dix sous, quinze sous, non pas pour l'acquérir et en faire sa propriété exclusive, mais pour obtenir le droit précieux d'aspirer un certain nombre de bouffées. On poussait comme dans une salle de vente. Un caporal offrit un franc. Je doublai son enchère, un frémissement parcourut l'auditoire, et, au prix de quarante sous payés comptant, le droit de fumer un tiers de la cigarette, avec le privilége de commencer, me fut adjugé. Les autres adjudicataires se rangèrent autour de moi, et la cigarette mesurée et marquée d'un cercle noir au tiers de sa longueur, dix paires d'yeux suivaient les progrès du feu tandis que je la tenais entre mes lèvres.

Pendant les deux ou trois premiers jours, il y avait eu des heures de pluie et des heures de soleil. On employait celles-ci à sécher l'insupportable humidité occasionnée par celles-là ; mais un matin le ciel parut tout noir, et la pluie se mit à tomber avec une persistance et une régularité qui pouvaient aisément faire croire qu'elle tomberait toujours. Vers le soir, mouillé comme une éponge qui aurait fait une chute dans une rivière, on me recueillit dans une tente. Sept ou huit soldats se pressaient dans un espace où trois ou quatre auraient peut-être pu s'étendre. J'étais en outre arrivé le dernier, et je dus m'allonger au bas bout de la tente. Après une heure de sommeil, de larges gouttes d'eau froide qui s'aplatissaient sur mon visage me réveillèrent. Un sergent que mes mouvements tracassaient ouvrit les paupières nonchalamment.

— Ça, me dit-il, c'est la pluie.

— Merci, répliquai-je, et, prenant une autre posture, je me fis un rempart de mon capuchon. Au bout d'une autre heure, j'éprouvai vaguement la sensation d'un homme qu'on plongerait brusquement dans un bain froid. Il me semblait qu'un robinet invisible versait avec obstination un torrent d'eau glacée autour de mon corps. Un frisson acheva de me réveiller. Le rêve ne m'avait pas trompé : j'étais dans une mare. L'eau clapotait le long de mes épaules et de mes jambes. Je sautai sur mes genoux. Le sergent qui déjà m'avait parlé risqua un coup d'œil de mon côté, et m'aperçut dans ma baignoire.

— Ça, reprit-il, c'est les rigoles.

Je n'en pouvais douter. La pluie avait rempli les rigoles creusées autour de la tente et au bord desquelles je me trouvais. Elles débordaient sur moi.

Il était dix heures, je ruisselais. Autour de moi, on ronflait. J'abandonnai la tente et achevai ma nuit en promenades. C'est dans ces moments-là que l'on devine la douceur des occupations qui vous paraissaient fatigantes autrefois. Je revoyais en esprit la petite chambre voisine de la rue de Turenne, la cheminée flambante, la tasse de thé, la table auprès desquelles j'avais passé des heures à la clarté d'une lampe placée entre des livres. — Et j'avais pu me plaindre du travail nocturne !

Le jour arriva. La pluie continuait à tomber avec la même abondance et la même tranquillité. Les rives de la Meuse s'enveloppaient d'un rideau de brume. Les Prussiens avaient commencé une sorte de distribution sommaire ; elle se composait d'un demi-biscuit par homme et pour deux jours. On y courait cependant. C'était une distraction encore plus qu'un soulagement. Malheur à qui laissait traîner un morceau de cette maigre pitance ! On avait pour boisson l'eau de la rivière, à laquelle on allait par troupes remplir ses bidons. Ce régime et cette température faisaient des vides parmi les prisonniers ; qui tombait malade était perdu. Un cas de fièvre était un cas de mort. Point de médecins et point de médicaments. On avait la terre pour dormir et un quart de biscuit pour ne pas mourir de faim.

J'avais fait la connaissance d'un chasseur d'Afrique, engagé volontaire comme moi. C'était un garçon qui avait le visage d'une jeune fille, et avec cela vif comme un oiseau et brave comme un chien de berger. Rien n'avait de prise sur ce caractère robuste, ni la fatigue, ni les mésaventures. A chaque nouvelle épreuve, il secouait ses épaules comme un terre-neuve qui sort de l'eau. Didier ne tarissait pas en histoires incroyables. J'ai toujours pensé que ma nouvelle connaissance était de cette famille de Parisiens qui, leur patrimoine croqué, s'arrangent d'un sabre pour avoir un cheval. Il était porté pour la croix. Un jour il m'offrit son quart de biscuit.

— Et toi? lui dis-je.

— Je n'ai pas faim.

Et comme j'hésitais :

— Un de ces jours tu me rendras un gigot, si tu trouves encore un mouton, reprit-il en riant.

Il me tendit la main, et s'éloigna. Je remarquai qu'il avait les yeux tristes. Le souvenir de ces yeux me poursuivit tout le soir. Le lendemain, errant sur un chemin, j'avisai quatre soldats qui portaient un mort sur une civière.

— Sais-tu qui passe là ? me dit un sergent de ma compagnie.

— Non.

— C'est ton chasseur.

Je courus vers la civière : c'était Didier, en effet.

— On savait chez nous qu'il était perdu, me dit l'un des cavaliers qui le portaient.

Je me mis à marcher derrière lui, les yeux gros de larmes.

On ne pouvait sortir sans rencontrer un de ces cortéges sinistres. Ordinairement le cadavre était couché sur un brancard fait de deux morceaux de bois reliés par deux traverses. Quelquefois encore quatre soldats le prenaient par les jambes et les bras, et le jetaient dans une fosse creusée à la hâte et recouverte bien vite de quelques pelletées de terre. Deux ou trois camarades suivaient le corps. Le lendemain, on n'y pensait plus... C'était comme une grande loterie.

VI

Les heures dans cette pluie et cette inaction étaient longues et lourdes. On en perdait le plus qu'on pouvait en promenades çà et là. Les bords de la Meuse nous attiraient. On ne pouvait faire une centaine de pas sur la rive sans voir, descendant au fil de l'eau, des cadavres d'hommes et de chevaux. On en rencontrait d'autres échoués dans des touffes d'herbe, là un chasseur de Vincennes, là un uhlan. Tous les corps des deux armées y avaient laissé quelques-uns de leurs représentants. On y faisait un cours d'uniformes *in anima vili*. Il y avait des heures, quand il ne pleuvait pas, où je ne pouvais m'arracher à ce lugubre spectacle. Je regardais les cadavres que le cours du flot emportait lentement, ou qui restaient pris entre les joncs dans des attitudes terribles. Il en était parmi eux qui, vivants au mois de juillet, avaient peut-être chanté *le Rhin allemand* sur les boulevards de Paris. Leur agonie s'était terminée dans la vase.

La première fois que je m'étais avancé du côté du moulin, j'avais vu sur le barrage, accrochés parmi les pierres, les corps de deux soldats, un Français et un Prussien, que le remous des eaux balançait. Ce mouvement vague, qui faisait par intervalles rouler leurs têtes et leurs bras, leur prêtait un semblant de vie qui avait quelque chose d'effrayant. Ils y étaient encore quatre jours après. Des oiseaux voletaient au-dessus du barrage. Le soir, aux lueurs incertaines qui tombaient d'un ciel gris, ces formes vagues qu'on voyait flotter sur la rivière prenaient des aspects étranges. L'imagination y avait sa part ; mais le spectacle dans sa réalité crue avait par lui-même un caractère épouvantable.

Je me rappelle qu'un matin, en allant remplir mon bidon dans un pli du rivage où jusqu'alors le hasard ne m'avait pas conduit, un de mes camarades me poussa le coude :

— Regarde, me dit-il.

Je levai les yeux et aperçus sur un îlot de sable, à quelques mètres du rivage, le corps d'un cuirassier dont la tête disparaissait à demi sous un lit de longues herbes. Ses jambes, chaussées de lourdes bottes, et son corps, sur lequel étincelait la cuirasse, saillaient hors de l'eau. Sa main gantée reposait sur la vase et s'était nouée autour d'une touffe de glaïeuls. Deux ou trois corbeaux battaient de l'aile autour de l'îlot ; on pouvait croire à l'attitude du pauvre cuirassier que la mort l'avait surpris là. Il avait le visage déchiqueté. L'image de ce cuirassier me poursuivit longtemps. Quand je portai à mes lèvres le bidon rempli de l'eau puisée dans l'anse qui l'abritait, ma main le laissa retomber sans pouvoir en avaler une gorgée.

Il n'était pas rare de rencontrer dans nos promenades des groupes de soldats accroupis autour du cadavre d'un cheval qu'ils avaient tiré de la rivière, et sur lequel ils taillaient des lanières de chair avec leurs couteaux. Quelquefois ils grondaient comme des dogues qu'on dérange dans leur immonde repas. Je n'avais jamais voulu de cette chair nauséabonde ; mais la faim me tourmentait. On a vite fini de broyer entre ses dents le quart d'un biscuit, si dur qu'il soit ; on ne découvrait presque plus de pommes de terre, tant des mains par milliers en avaient retourné les champs. Un jour que je serrais ma ceinture après avoir vainement fouillé vingt sillons :

— Écoute, me dit un camarade avec lequel j'avais partagé quelques lambeaux de mon mouton, il y a le moulin.

— Je le connais ; j'ai même rôdé par là hier encore. Ni poules, ni canard, rien.

— Pas sûr ; moi, j'ai l'œil.

Et mon Marseillais porta le doigt à l'organe dont il parlait, avec ce geste expressif que connaissent tous ceux qui ont traversé la Canebière. C'était un garçon avisé, qui avait le flair d'un chien de chasse pour la nourriture.

— Explique-toi, repris-je.

— Eh bien ! s'il n'y a plus de volailles au moulin, le meunier a encore quelque chose.

— De la farine ! m'écriai-je avec joie, du pain peut-être !

— Non, mais du son ; viens voir.

Mon enthousiasme s'était refroidi, cependant je suivis le camarade.

— Et il y en aura pour moi, n'est-ce pas ? car ça se paye, me dit-il en courant.

Je lui répondis par un signe de tête affirmatif, et nous arrivâmes au moulin. Il y avait déjà queue.

— Voilà ce que je craignais ! s'écria mon Marseillais avec un accent désespéré rendu plus vif par le dépit.

Le meunier vendait à tout venant muni de pièces blanches le son de son moulin, qu'il débitait parcimonieusement par petites portions. La livre de son coûtait quarante-quatre sous, et, pour en avoir, il fallait attendre deux ou trois heures. Ma livre de son payée, je l'emportai et la délayai dans une gamelle pleine d'eau... J'avais ainsi deux services à mon menu, un quart de biscuit sec et une écuelle de son mouillé.

Cette existence, irritée par la misère, commençait à me peser lourdement. Rien ne me faisait prévoir qu'elle dût bientôt prendre fin. Des officiers auxquels on avait d'abord remis la garde des prisonniers, la surveillance était passée aux sous-officiers : ils avaient la charge des distributions, qui n'arrivaient plus intactes aux soldats. Le grand découragement amenait un grand désordre. Chacun tirait à soi. Qui pouvait voler la part d'un camarade la gardait. Il y avait des querelles pour un biscuit perdu. Quelques généraux faisaient ce qu'ils pouvaient pour améliorer le sort de leurs soldats, le général Ducrot entre autres, qui jusqu'au bout mit tout en œuvre pour leur venir en aide ; mais l'autorité allemande faisait la sourde oreille à leurs réclamations. On périssait dans la fange. A ces privations, qui avaient le caractère d'une torture, s'ajoutaient des spectacles qui me faisaient monter le rouge au front. Des officiers prussiens visitaient l'île à toute heure, et, sans façon, avec des airs d'arrogance, pour les besoins de leur remonte personnelle, faisaient descendre les officiers français de leurs montures et s'en emparaient avec la selle et les harnais. Je voyais mes malheureux compatriotes mordre leurs lèvres et mâcher leurs moustaches. Quelques-uns devenaient tout blancs. L'un d'eux mit la main à sa ceinture, et demanda à celui qui le dépouillait s'il ne voulait pas aussi sa montre.

— *Ich vorstche nicht* (je ne comprends pas), répondit le Prussien, qui savait parfaitement le français.

Il y a des choses qu'il faut avoir vues pour y croire. On a le cœur serré quand on y songe. Un de ces Prussiens armés d'éperons qui parcouraient l'île, rencontra un jour un officier français qui passait à cheval, et l'invita à descendre. Un prisonnier n'a presque plus le caractère d'un homme. L'officier obéit. Le Prussien se mit en selle, et, après avoir fait marcher, trotter, galoper le cheval, inclinant la tête d'un air froid :

— C'est bien, monsieur, je le garde.

Aucune résistance n'était possible. Il fallait se soumettre à tout ; mais on avait la mort dans l'âme. Je commençai sérieusement à penser à une évasion. Malheureusement il était plus facile d'y songer que de l'exécuter. Un seul pont jeté sur le canal donnait accès dans l'île. Ce pont était gardé par deux pièces de canon mises en batterie, la gueule tournée vers nos campements. On savait qu'ils étaient chargés. Un poste nombreux veillait tout autour, les armes prêtes. De ce côté-là, rien à espérer ; de l'autre côté de la Meuse, courbée en arc de cercle, des pelotons de soldats bivouaquaient de distance en distance, et dans l'intervalle de ces bivouacs, séparés les uns des autres par un espace de cinq cents mètres à peu près, se promenaient, le fusil sur l'épaule, deux ou trois sentinelles qui ne perdaient pas notre île de vue. Quand la nuit venait, on doublait le nombre de ces sentinelles. Des détonations qui me réveillaient pendant mon sommeil ou troublaient mes promenades sous la pluie nocturne, et dont je comprenais la sinistre signification, m'indiquaient suffisamment que ces sentinelles faisaient bonne garde.

Une nuit cependant, n'y tenant plus et redoutant de trouver en Allemagne des îles plus tristes encore, je me décidai à tenter l'aventure. Je me dirigeai donc vers la Meuse. Le ciel était sombre, la rive déserte. De l'autre côté de l'eau, on voyait les feux de bivouac allumés. Malgré l'obscurité qui étendait un voile gris sur le fleuve, on distinguait à la surface claire des eaux des formes incertaines qui flottaient mollement. Elles s'effaçaient et reparaissaient. J'hésitai un instant, puis enfin, me déshabillant de la tête aux pieds et ne gardant qu'un caleçon, j'entrai dans la Meuse ; j'avais déjà de l'eau jusqu'à mi-corps, et la pente du sol où je marchais m'indiquait que j'allais bientôt perdre pied, lorsqu'une masse noire passa lentement devant moi et m'effleura la poitrine, contre laquelle je la sentis fléchir et s'enfoncer. Un horrible frisson me parcourut le corps : cette perspective de nager au milieu d'un fleuve noir qui m'offrait des cadavres pour compagnons de route me fit trembler. Je venais d'être saisi d'une peur nerveuse, d'une peur irrésistible, et, reculant malgré moi, les yeux sur cette masse indécise qui s'en allait à la dérive, à demi paralysé, je regagnai le bord, où je m'assis.

Le lendemain, au plein jour, je retournai à l'endroit même où j'avais tenté le passage de la Meuse. A quelques pas de la rive, où l'on distinguait encore l'empreinte de mes pieds nus, en aval, sur un banc de vase tapissé de quelques joncs, le corps d'un jeune turco, que je n'y avais pas vu la veille en inspectant les lieux, était échoué, le visage dans l'eau qui le découvrait et le recouvrait à demi dans son balancement doux. Ses deux mains, étendues en avant, plongeaient dans la vase. On me raconta qu'il avait essayé de s'évader dans la soirée, et que les sentinelles prussiennes l'avaient fusillé. Atteint de deux ou trois balles, il n'avait pas eu la force de regagner le bord. Peut-être était-ce là ce corps qui m'avait effleuré au moment où j'allais me jeter en plein fleuve ; peut-être encore ai-je dû la vie à ce pauvre mort. Je renonçai à ma première idée de demander à la Meuse des moyens d'évasion, sans renoncer toutefois à mon projet : il ne s'agissait que de trouver une occasion meilleure.

Si la Meuse charriait des cadavres huit jours encore après la bataille, notre île vomissait des morts : on en comptait par centaines. C'était comme une épidémie. L'autorité prussienne finit par s'inquiéter de cet état de choses. La contagion pouvait gagner l'armée victorieuse comme elle décimait l'armée vaincue.

— Tu sais, me dit un jour l'un de mes compagnons de tente, les trains de plaisir pour la Prusse vont commencer bientôt !

Le lendemain, en effet, on faisait évacuer les malades. J'en vis partir qui se traînaient à peine. Le tour des officiers devait venir après celui des malades. Chacun d'eux avait le droit d'emmener une ordonnance. Ce fut pour moi comme un trait de lumière, et je courus auprès du commandant H... pour obtenir la faveur insigne d'être promu aux fonctions de brosseur. Il accueillit favorablement ma demande, et me présenta à un capitaine. J'arrivai à propos ; ce poste de confiance était sollicité par un grand nombre de candidats, et quelques-uns avaient des titres peut-être plus sérieux à faire valoir que les miens. Je l'emportai cependant, grâce à l'appui du commandant. J'en donnai la nouvelle à mes camarades de lit sous cette tente dans laquelle il pleuvait tant.

— Brosseur déjà ! s'écria le plus vieux de la bande.

Dans la soirée, on m'avertit de me tenir prêt à la première heure du jour. Je comptai sur la pluie pour m'empêcher de dormir ; elle ne trompa point mon espérance, et le 10 septembre, au matin, je pris le chemin du pont, après une dernière visite au moulin. Les deux pièces de canon étaient à leur place, les Prussiens sous les armes. La troupe de ceux qui devaient former un nouveau convoi s'y rassemblait. Il avait été décidé que les officiers, à partir du grade de capitaine inclusivement, monteraient dans des espèces de chariots garnis de planches. Les lieutenants et les sous-lieutenants, avec les ordonnances, devaient marcher à pied.

Un colonel prussien qui était en surveillance à l'entrée du pont donna un ordre, un aide de camp cria : En route ! et la colonne se mit en mouvement. Le pont franchi, nous suivîmes, pour rentrer à Sedan, le même chemin que nous avions pris pour en sortir. La colonne s'y arrêta un instant. Une pièce de monnaie à la main, et profitant de cette halte, je me présentai devant la boutique d'un boulanger, à la porte duquel s'allongeait une queue de prisonniers. Des soldats prussiens se mêlaient à cette foule. L'un d'eux ne se gênait pas pour bousculer ses voisins. On se récria. Il était brutal, il devint insolent. La discussion entre gens que la faim talonne dégénère bien vite en querelle. Au moment où la querelle prenait les proportions d'une rixe, un officier intervint. Il s'enquit de ce qui se passait. Les prisonniers déclarèrent d'une commune voix, et c'était vrai, que le Prussien avait voulu se faire servir avant son tour, et qu'il s'était jeté à travers les rangs comme un furieux, frappant et cognant.

L'officier donna l'ordre au soldat de se retirer. Celui-ci avait bu quelques verres d'eau-de-vie, un de trop peut-être. Il s'écria qu'il ne céderait pas, et qu'il aurait son pain parce qu'il le voulait. Sans répondre, l'officier prit à sa ceinture un revolver, l'arma, et froidement cassa la tête au soldat. Il tomba comme une masse. Aucun des camarades du mort ne remua ; je commençai à comprendre ce que c'était que la discipline prussienne.

Rentrés à Sedan par la porte de Paris, nous en sortîmes par la porte de Balan. Cette ville, que j'avais vue encombrée de troupes françaises, était alors occupée par une garnison de soldats de la landwehr. Des malades et des blessés se traînaient ici et là. Les habitants nous regardaient passer d'un air morne. Quand ils pensaient n'être pas vus par nos gardiens, quelques-uns d'entre eux s'approchaient de nous pour nous donner du pain ou des morceaux de viande, aumône de la ruine à la misère. Notre colonne, composée de huit cents hommes à peu près, comptait des officiers de toutes armes. La cavalerie et l'artillerie y avaient un grand nombre de représentants. Leurs uniformes ne les eussent-ils pas désignés, on les aurait reconnus à la pesanteur de leur marche, alourdie par leurs grosses bottes et la basane de leurs pantalons. C'était au tour des fantassins de payer en sourires les railleries des cavaliers ; mais qui pensait à sourire en ce moment-là? Il ne restait plus trace de la vieille gaieté gauloise. Ce sentiment qu'on était prisonnier écrasait tout. Des officiers qui portaient la médaille de Crimée et d'Italie essuyaient des larmes furtivement. Il semblait que cette troupe dont la file s'allongeait sur la route portât le deuil de cent années de victoires effacées en un jour par un désastre. Nous avions pour escorte deux forts pelotons d'infanterie prussienne portant le casque à pointe, et qui marchaient l'un en tête de la colonne, l'autre en queue. Et sur les bas côtés de la route, la flanquant de deux mètres en deux mètres, des sentinelles nous accompagnaient, le fusil chargé sur l'épaule. On nous avait prévenus qu'à la moindre alerte elles avaient ordre de faire feu. Des uhlans, le pistolet au poing, faisaient la navette, et passaient au grand trot de l'avant-garde à l'arrière-garde de la colonne, bousculant tout.

La route était défoncée, les chariots cahotaient dans les ornières. Nous marchions dans la boue. On ne voyait partout que chaumières brûlées, arbres abattus, champs ravagés. C'est ainsi que nous arrivâmes à Bazeilles. Qui a vu ce spectacle ne l'oubliera jamais. Il semblait qu'une trombe se fût jetée sur le village. Tout y était par terre. Un amoncellement de toitures effondrées et de murailles tombées au ras du sol, des débris de meubles calcinés, des poutrelles rompues, des charrettes en morceaux, des charrues et des herses brisées par le milieu, des lambeaux de volets et de portes pendant sur leurs gonds, des carcasses d'animaux atteints par les balles et surpris par le feu, les jardins en ruine avec leurs treilles et leurs pommiers noircis, partout les traces de l'incendie. On marchait sur des éclats d'obus. Il y avait çà et là sur des pans de mur de larges taches d'un brun noirâtre. Une main sanglante avait appliqué l'empreinte de ses cinq doigts sur un enduit de plâtre; des lambeaux de vêtement restaient accrochés entre les haies ; sur un buisson, on apercevait deux petits bas d'enfant qu'on y avait mis sécher. Sur la façade d'une maison labourée par un paquet de mitraille, l'appui d'une fenêtre à laquelle il ne restait pas une vitre supportait deux jolis pots de fleurs en faïence bleue. Quelques malheureux se promenaient parmi ces décombres. Il s'en dégageait une odeur affreuse de cadavres en putréfaction. Des fragments d'armes jonchaient le sol. C'était navrant, horrible, hideux. Le village était comme éventré. Une famille vêtue de loques s'était blottie sous un appentis : elle nous regardait passer avec des frémissements effarés. Peut-être cherchait-elle son foyer ; son malheur dépassait le nôtre : des soldats lui jetèrent des morceaux de biscuit.

VII

Bazeilles traversé, notre marche continua. On ne pouvait ni s'arrêter, ni se reposer. Chaque étape était marquée d'avance avec un temps déterminé pour la parcourir. Nous étions partis de Sedan à onze heures un quart, et nous arrivions à Stenay à huit heures du soir, après une halte d'une demi-heure. Une surprise heureuse m'attendait à Stenay. L'officier à qui je servais d'ordonnance, et qui poussait la bonté jusqu'à me traiter en ami plus qu'en soldat, voulut bien me présenter à un ancien capitaine de zouaves qui avait obtenu du préfet prussien l'autorisation de loger les camarades du 3e régiment, auquel il avait appartenu. Une place me fut offerte à la table hospitalière autour de laquelle M. D... les reçut. Je m'empressai d'accepter. Quelle faim ! Jamais soupe fumante, jamais bœuf bouilli ne dégagèrent aromes plus savoureux ; mes narines les aspiraient non moins que mes lèvres. Il y avait huit ou dix jours à peu près qu'une bouchée de nourriture honnête ne les avait traversées. On parlait beaucoup à mes côtés, et les récits s'entre-croisaient avec les questions ; je n'entendais rien, je mangeais. On ne sait pas quel vide peuvent creuser dans l'estomac d'un volontaire, majeur depuis un an à peine, l'abus du son délayé dans l'eau pure, et trente-deux kilomètres avalés d'une traite ! Rien ne le comble ; M. D... riait de mon appétit. La nappe enlevée et le café pris, il me permit de m'étendre sur le tapis d'une chambre à coucher. Les lits, les canapés, les matelas, appartenaient naturellement aux officiers. A peine étendu, je dormis les poings fermés. Une inquiétude me restait : pourrais-je me lever le lendemain matin? Il y avait là un problème que l'expérience seule pouvait résoudre.

A sept heures, le bruit qu'on faisait dans la maison me réveilla. J'essayai de me dresser. Ce ne fut pas sans une certaine difficulté que j'y parvins. Mon officier m'encourageait du geste et de la voix.

— La courbature, ce n'est rien, quoiqu'il me semble avoir fait une ample provision de rhumatismes du côté de Glaires ; mais c'est le pied qui ne va plus ! lui dis-je.

C'était vrai. Il faut avoir été chasseur ou soldat pour savoir ce que c'est qu'une plaie au talon, à la cheville, au cou-de-pied. Mieux vaudrait avoir un bras cassé ou une balle dans l'épaule. Comme disent les marins, on est atteint dans ses œuvres vives. L'aspect d'une table servie me rendit un peu de force ; lorsqu'on se réunit pour le départ, je demandai la permission d'emporter les morceaux de pain qu'on oubliait. Laisser du pain sur une table quand la veille encore j'aurais été chercher un quart de biscuit en rampant sur le ventre ! On me l'accorda, et j'en remplis mes poches. Bien m'en prit. A neuf heures précises, on se remit en route. Toujours les mêmes ornières, toujours les mêmes cailloux, toujours la même boue ! Pendant le premier kilomètre, ce fut terrible. Je me traînais ; mais enfin le pied s'échauffa, et je retrouvai en partie l'élasticité de mon pas.

Les misères de cette épouvantable route devaient presque me faire oublier les misères de mon séjour dans l'île que j'avais maudite. Vers midi, la colonne, qui marchait avec des ondulations de serpent, présentait un spectacle lamentable. On trébuchait, on tombait. Les traînards se laissaient aller sur les tas de pierres. Quelques-uns peut-être manquaient d'énergie, beaucoup manquaient de force. Tous les prisonniers n'avaient pas rencontré à Stenay des capitaines comme les zouaves du 3e régiment. Le besoin faisait dans la colonne autant de ravages que la fatigue. Les retardataires s'en détachaient comme les feuilles mortes d'un arbre que le vent secoue. Ces malheureux étendus par terre, les gardiens accouraient et les frappaient à coups de crosse. Un coup, deux coups, trois coups, jusqu'à ce qu'ils fussent remis sur pied. Autant de coups qu'il en fallait, et, si les coups de crosse ne suffisaient pas, les coups de baïonnette venaient après. La peau fendue, la chair déchirée, on se relevait ; mais l'épuisement était quelquefois plus fort que la douleur. Quelques-uns de ceux qui s'étaient relevés retombaient bientôt. Les coups et les menaces ne pouvant plus rien sur ces corps inertes, la colonne avec son escorte de sentinelles continuait sa marche. On laissait au peloton prussien qui la suivait le soin de balayer la route.

— Elle a ordre de ne rien laisser traîner, me disait un chasseur d'Afrique qui enfonçait ses éperons dans la boue auprès de moi.

On m'a raconté que ces malheureux, étendus dans les fossés ou sur les talus du chemin, étaient impitoyablement fusillés par ce dernier peloton, à qui incombait la terrible et suprême police de la colonne. Je n'ose pas affirmer le fait dans sa sanglante brutalité. Traitait-on en déserteurs les prisonniers qui restaient en arrière, et la discipline impitoyable que l'armée prussienne applique aux vaincus après l'avoir subie elle-même l'engageait-elle à ne voir dans l'épuisement qu'un prétexte ? Je l'ignore ; mais ce que je sais bien, c'est que jamais aux étapes prochaines je n'ai revu aucun de ceux qui tombaient, et que des chariots pouvaient recueillir.

Nous étions partis à neuf heures. Après la halte d'une demi-heure qu'on nous accorda vers midi, j'eus quelque peine à me mettre debout. L'un de mes pieds, le pied gauche, avait la pesanteur du plomb. Il me devenait impossible de conserver ma bottine, qui me blessait et m'occasionnait à chaque pas d'intolérables souffrances. Je jetais des regards d'envie sur les talus gazonnés du chemin. Les animaux avaient le droit de s'y reposer. Je voyais au milieu des champs des bœufs étendus dans l'herbe, et il me fallait marcher toujours ; n'en pouvant plus, je tombai sur un tas de pierres et retirai ma chaussure. Les soldats prussiens, chaussés de bottes excellentes, me regardaient faire, tout prêts à mettre le doigt sur la gachette de leur fusil, si j'avais fait un pas dans les prés voisins. L'heure n'en était pas venue, car je n'avais pas renoncé à mon projet d'évasion. Je ne faisais qu'y songer, au contraire, et cette pensée me donnait du cœur. Un sentiment d'amour-propre aussi me soutenait. D'autres, qui ne souffraient pas moins que moi, ne marchaient-ils pas ? Et pourquoi un engagé volontaire, qui avait passé trois années sur les bancs de l'école de la rue de Turenne, ne ferait-il pas ce que faisaient tant de braves gens ramassés dans les greniers d'un faubourg ou les granges d'une ferme ? Et puis n'avais-je pas l'honneur d'appartenir au 3e zouaves, les zouaves au tambour jaune?

— Tu clampines donc ! me dit en passant un camarade qui me vit assis sur mes cailloux.

Je tirai là-dessus ma bottine et me relevai. Je ne souffrais plus. C'était magnifique ; malheureusement au bout d'un quart d'heure il ne restait rien de mes chaussettes de laine ; je marchais à nu sur la plante des pieds. Quand on n'en a pas l'habitude, c'est odieux.

Vers la tombée du jour, nous arrivions à Damvilliers. Ces chaumières qui nous indiquaient que le moment de la halte était venu me parurent superbes ; je faisais mon choix en esprit, caressant de l'œil les plus confortables, lorsqu'on nous dirigea vers l'église, tous en masse. La porte s'ouvrit toute grande, on nous y poussa et la porte se referma : nous venions de trouver le gîte que nous destinait la discipline prussienne. Il y avait là dans la nef et le chœur huit cents hommes à peu près. Il pleuvait depuis quarante-huit heures avec des intermittences de rafales et d'averses ; il eût fallu un feu de forge pour sécher nos vêtements. Les poches de mon vaste pantalon étaient pleines d'eau ; quand j'y plongeais les mains, il me semblait qu'elles entraient dans le bassin d'une fontaine. Je ruisselais, et nous étions huit cents comme cela, moins des hommes que des gouttières.

— Tant pis ! dit un zouave, je lâche mon robinet.

Il défit sa veste, son gilet, son pantalon, et les

tordit comme on fait d'une serviette. Le mot avait fait rire ; l'action parut sage, on l'imita. En un instant, le sol de l'église fut comme une mare ; c'était là dedans que nous devions nous coucher. Chacun chercha la place où il devait être à peu près le moins mal. Toutes se valaient pour l'incommodité : des dalles de pierre froides pour matelas, des bancs de bois pour oreillers. Le pauvre curé de cette malheureuse église nous prit en pitié. Grâce à lui, nous eûmes un peu de pain et quelques boisseaux de pommes de terre. Il allait et venait parmi nous, les lèvres pleines de bonnes paroles et nous consolant de son mieux. Une vive clarté pénétra tout à coup dans l'église ; c'était le bois du bon curé qui brûlait. Français et Prussiens, pêle-mêle, fraternisaient autour de ce feu, alimenté par de nombreuses bourrées : nous trouvions pour une heure des camarades parmi nos ennemis ; mais au moment même où les soldats prussiens traitaient de leur mieux les pauvres hères qu'ils surveillaient, si un officier survenait, le camarade redevenait soudain le geôlier, et pour un mot il passait des amitiés aux coups de plat de sabre.

Je m'étais accroupi devant le feu, auquel je présentais tour à tour mes jambes et mon dos. Des buées sortaient de mes vêtements de laine alourdis par l'eau du ciel ; mais la pluie mouillait de nouveau ce que le feu avait séché. Cet exercice pouvait durer toute la nuit. Un instant, il me sembla que le calorique l'emportait sur l'humidité ; j'en profitai pour rentrer dans l'église et y choisir un gîte. Deux bancs en firent les frais, et, la fatigue aidant, je m'endormis. Un frisson me réveilla. Le jour filtrait par les ouvertures ogivales où quelque débris de vitrail restait encore. Un engourdissement général paralysait mes membres. Les deux jambes surtout avaient la roideur du bois. J'abaissai lentement un regard mélancolique sur mon pied. Était-ce bien celui que je possédais la veille ? Il eût suffi aux ambitions d'un géant. Il était énorme, enflé, tuméfié. Il fallait cependant le poser par terre. On devait partir à huit heures un quart. Et comment ferais-je, si un apprentissage n'habituait pas mon malheureux pied aux tortures de la marche? Je touchai les dalles timidement par le talon, et par de lentes progressions j'arrivai à le poser à plat. Le pied posé, il fallait se lever ; levé, il fallait se mouvoir. Au premier effort que je tentai, j'eus comme un éblouissement. Tout mon corps plia. Pour me donner du cœur, je pensai aux coups de crosse et aux coups de baïonnette que l'escorte prussienne tenait en réserve pour les traînards. J'avais encore dans les oreilles le sinistre retentissement de certaines détonations dont la signification pouvait m'être facilement donnée. Debout au premier signal, je me mis à marcher. Une sueur froide mouilla subitement la paume de mes mains. Il fallait continuer cependant : j'avançai avec la conviction qu'une balle me jetterait bientôt dans un fossé.

Mais le mouvement, la terreur peut-être, et aussi cette séve de jeunesse qui fait des miracles, rendirent un peu de jeu à mes muscles ; les kilomètres succédaient aux kilomètres, et je ne tombais pas. La fièvre me soutenait. Le mouvement machinal qui me poussait en avant ne laissait à ma pensée aucune liberté. Les paysages que nous traversions m'apparaissaient au travers d'un voile gris. Je me rappelle que des paysans, émus de compassion sur le passage de cette colonne qui se traînait avec des cassures intermittentes et des mouvements d'animal blessé, venaient quelquefois sur les bords de la route placer à notre portée des vases pleins d'eau et des écuelles de lait. Si l'un des prisonniers, harcelé par la fatigue et la soif, s'approchait, les soldats prussiens renversaient les écuelles et les vases d'un coup de pied, ou bien les officiers, du bout de leurs bottes, se chargeaient de cette besogne féroce, et si le vase de terre se brisait en morceaux, si l'écuelle de fer-blanc rebondissait de place en place, un rire éclatant ouvrait leurs moustaches.

Vers trois heures, — je m'en souviendrai toujours, — en traversant un pauvre village, j'avisai un paysan qui, debout sur le seuil de sa porte, découpait en petits morceaux une robuste miche de pain. Il en offrait aux misérables qui passaient. J'espérais profiter de cette aumône; mais au moment où je m'écartai de la route, la main tendue, le soldat prussien qui me suivait leva la crosse de son fusil et la laissa retomber sur mes reins avec une telle violence, que du coup je me trouvai par terre, étendu sur la face. Cette secousse et cette chute me donnèrent la mesure de mon accablement. Je me relevai les mains remplies de boue, sans penser à me rebiffer; je crois même que je ne tournai pas la tête pour voir qui m'avait frappé. Il y a des heures d'écrasement où de l'homme il ne reste plus que l'animal : cet aplatissement de tout mon être me valut de n'être pas fusillé au coin d'un mur.

Il était sept heures à peu près quand j'aperçus le clocher d'Étain, où nous devions passer la nuit. Je n'allais plus. Deux ou trois fois, pris d'une lassitude sans nom, j'avais failli me laisser choir sur un tas de pierres ; mais j'entendais derrière moi le pas lourd de mon gardien, et une âpre volonté de vivre me poussait en avant. La colonne entière arrêtée dans la grande rue, le chef du détachement fit ranger les officiers devant lui, et d'une voix glapissante :

— Messieurs les officiers donnent leur parole de se trouver demain à neuf heures et demie sur la place du marché ?

Personne ne répondit.

— A demain donc, messieurs, reprit-il, et il s'éloigna.

Les officiers se séparèrent, cherchant un asile au hasard. Il n'avait pas été question des simples ordonnances. Le soin de trouver un gîte nous regardait. Dans l'état où m'avait mis cette dernière étape, la question de la distance l'emportait sur toutes les autres. Mes yeux interrogeaient les maisons pour y découvrir la branche de pin symbolique ou l'enseigne d'une auberge, lorsqu'une main douce me tira par la manche de ma veste. Un jeune garçon qui rougissait était devant moi.

— N'êtes-vous pas du 3e zouaves? me dit-il.

Et sur ma réponse affirmative :

— Ma mère a un frère au régiment, reprit-il ; elle serait bien heureuse, si les officiers qui sont ici voulaient bien accepter l'hospitalité chez elle. C'est de bon cœur qu'elle la leur offre.

Je me mis à héler un camarade, et, mon

capitaine étant prévenu, sept officiers de zouaves et cinq officiers d'artillerie se réunirent chez madame L... Les ordonnances suivaient les officiers, si bien qu'il y avait vingt-quatre personnes dans la maison. C'était beaucoup, et déjà quelques-uns d'entre nous battaient en retraite ; mais madame L... avait un cœur de mère. Elle se mit devant la porte, et déclara nettement qu'aucun de nous ne sortirait. L'excellente femme ! Aucun de nous ne se fit prier, et je donnai l'exemple en me dirigeant vers le grenier, cahin-caha. C'était non pas une botte de paille qui m'y attendait, mais un matelas, le premier que j'apercevais depuis mon départ de Paris. Aucun produit de l'industrie ne pouvait me paraître plus beau en un tel moment. Je m'étendis sur la toile rebondissante avec délices et tirai de ma poche cette pipe qui déjà si souvent avait été ma suprême consolation. La fumée s'envolait et le sommeil venait, je crois, quand la porte du grenier tourna sur ses vieux gonds rouillés.

— Vous n'avez besoin de rien, messieurs ?

Ainsi parlait une jeune fille, qui venait de la part de la maîtresse de la maison. Elle avait seize ou dix-sept ans, le sourire aimable, le regard doux, un air de candeur qui inspirait le respect. Chacun se leva un peu lentement. Ses yeux nous interrogeaient.

— Mademoiselle, dis-je alors, si vous pouviez me procurer des bandes de toile, vous me rendriez un grand service.

Je venais de poser mon pied malade sur le bord du matelas. Elle joignit les mains, et d'un air de pitié :

— Je vais appeler ma mère, reprit-elle, elle vous fera un pansement.

Elle disparut avec la légèreté d'un oiseau, et, deux minutes après, madame L... était auprès de moi, portant à la main un paquet de linge.

— C'est donc vous qui êtes blessé ? me dit-elle en s'agenouillant sur le matelas.

J'avais allongé ma jambe que je venais de baigner dans un baquet d'eau. Elle retint une exclamation. Puis d'un air de pitié, en préparant son linge :

— Ah ! le pauvre pied ! dit-elle.

Elle essuya une larme du bout de ses doigts, et se mit à me questionner avec une bonté qui me touchait. Tout en parlant, elle roulait des bandes autour de mon pied. Je l'aurais embrassée de bon cœur.

— Vous n'avez pas dîné? reprit-elle doucement.

Je secouai la tête.

— Eh bien! descendez avec moi, la table est assez grande pour vous recevoir tous.

— Laissez-moi vous remercier et permettez-moi de refuser.

— Pourquoi?

— Et la discipline? et la hiérarchie militaire? Il n'y a pas un pauvre galon de laine sur la manche de ma veste et vous voulez que je m'asseoie à côté des galons d'or. Jamais! Les officiers de zouaves qui me connaissent y consentiraient certainement, — il y a entre les hommes du régiment et dans le malheur commun qui nous frappe une sorte de camaraderie qui a fait presque le niveau, — mais vous avez chez vous des officiers d'artillerie et ceux-là trouveraient déplacée la présence d'un soldat à leur table.

— Je n'insiste pas. Je veux cependant que vous ne manquiez de rien.

— Laissez faire le fantassin ; il se débrouillera.

Le pansement était achevé. J'en éprouvai un soulagement subit. Que bénies soient les mains qui m'ont touché ! La souffrance éteinte, les choses m'apparurent sous un aspect moins triste.

Il y avait encore du bon dans la vie. L'appétit se réveilla, et avec cet appétit la volonté de m'évader. — Dînons d'abord, me dis-je, après quoi je songerai à mon projet.

Déjà ragaillardi, je descendis à la cuisine où j'aperçus une fille maigre qui se démenait devant un grand feu. La broche tournait, les casseroles pleines jusqu'au bord mijotaient sur les fourneaux ; il se dégageait de tout cela une odeur qui me montait aux narines.

— Il y aura bien ici un coin pour moi ? lui dis-je.

— Je crois bien ! cria la fille.

Et de ses mains agiles elle eut bientôt fait de dresser mon couvert sur le coin d'une nappe de toile bise fort propre ; plongeant alors la louche d'étain dans la marmite où fumait le pot-au-feu, elle remplit mon assiette jusqu'au bord.

— Avalez-moi ça d'abord... après vous me direz des nouvelles du reste.

Jamais je n'ai mieux dîné; mon appétit attendrissait la bonne fille. — Faut-il qu'il ait jeûné, bon Dieu ! répétait-elle entre ses dents.

— Écoutez donc ! deux poignées de son délayé dans de l'eau... et de l'eau où croupissaient des morts !

— C'est une pitié !... et ce sont des chrétiens qui permettent ça !

— Des chrétiens à leur manière.

Elle se mit à rire, puis à pleurer, et s'essuyant les yeux avec le coin de son tablier d'un air de tristesse : — A quoi ça sert-il la guerre ? me dit-elle.

Je dormis tout d'un trait jusqu'au matin. Les yeux ouverts, entouré de mes camarades qui ronflaient ou s'étiraient, je m'assis sur mon séant, et me mis à réfléchir. Je me sentais dispos et en belle humeur. Où et quand trouverais-je une occasion meilleure pour m'évader? La surveillance semblait s'être détendue ; j'avais dans ma ceinture assez d'or pour être assuré que le concours de quelque habitant du pays ne me manquerait pas. — Ce sera pour aujourd'hui, me dis-je.

VIII

La chose bien résolue, je descendis de mon grenier. Les officiers s'étaient réunis dans la salle à manger pour faire leurs adieux à la maîtresse du logis; je me coulai de ce côté. Madame L... avait les yeux rouges. Sa fille et son fils se tenaient à ses côtés. On était fort ému de part et d'autre. Savait-on si on se reverrait jamais? Un officier qui frottait sa moustache grisonnante donna le premier le signal du départ.

— Merci, madame, et adieu! cria-t-il.

Chacun fila vers la porte. Au moment de les suivre, je sentis une petite main qui pressait la mienne. C'était la jeune fille qui, de la part de sa mère, m'offrait un petit paquet de bandes. Je les serrai dans ma poche, et me trouvai dans la rue sans oser regarder derrière moi. Il était neuf heures, et l'on devait partir à neuf heures et demie. Il fallait se hâter. Je pris au hasard à travers le bourg. Au bout d'un quart d'heure, tandis que de tous côtés on allait et venait, j'avisai un paysan qui comptait des sous devant une porte. Il avait l'air bonhomme et paraissait solide; j'allai droit à lui, et la bouche à son oreille :

— Si vous voulez me conduire en Belgique, il y a deux cents francs pour vous.

Tout en parlant, j'avais mis sous ses yeux une main où brillaient dix pièces d'or. Le paysan se gratta le menton, fit tomber ses sous dans une bourse de cuir, me regarda du coin de l'œil, puis, voyant que personne ne l'observait :

— Venez, me dit-il brusquement.

Je le suivis. Il marchait d'un air tranquille, et sifflait entre ses dents. Chemin faisant, à travers des ruelles qui me semblaient interminables, nous rencontrions des soldats prussiens qui me regardaient; mais il n'était pas neuf heures et demie encore, et aucun d'eux ne songea à m'arrêter. Le cœur me battait à m'étouffer. Une femme vint qui se mit à causer avec mon guide; je l'aurais étranglée : il ralentit son pas, puis la congédia, et reprit sa course le long des ruelles. Où me menait-il donc? Il entra enfin dans une maison petite et pauvre, et me pria de monter dans le grenier.

— Et vous n'en bougerez que quand vous me verrez.

En un clin d'œil, j'atteignis le sommet de l'escalier, et me jetai dans le trou noir qu'il appelait un grenier. J'attendis là quinze minutes qui me parurent longues comme des nuits sans sommeil. J'écoutai, l'oreille collée aux fentes des murailles. Un bruit sourd remplissait Étain ; il me semblait qu'un corps de troupe était en marche. Ne s'apercevrait-on pas de mon absence ? La porte s'ouvrit, et mon paysan parut.

— Il est temps, me dit-il en jetant par terre un paquet qu'il avait sous le bras.

Je me dépouillai de mon uniforme, veste, large pantalon, ceinture, calotte. Je dus même me séparer de mon fidèle tartan. En un tour de main, j'endossai un costume d'ouvrier besoigneux ; rien n'y manquait, ni le pantalon de toile bleue, ni le gilet, ni la blouse usée aux coudes et blanchie aux coutures, ni même la casquette de peau de loutre râpée où l'on cherchait vainement vestige de poils. Mes pieds disparaissaient dans de gros sabots. Mon guide avait vidé deux ou trois bouteilles pour augmenter son courage : il en restait quelque chose, dont sa marche se ressentait; mais la finesse de l'esprit campagnard surnageait.

— Et les moustaches? et la barbiche? me dit-il.

Une paire de mauvais ciseaux m'aida à faire tomber de mon visage cet ornement qui pouvait réveiller l'attention, et je quittai le grenier.

— La pipe et le bâton à présent, reprit mon homme.

J'achetai une pipe de terre que je bourrai de caporal, et me munis d'un fort bâton qu'un cordonnet de cuir attachait à mon poignet.

— Maintenant, en route sans avoir l'air de rien! ajouta-t-il.

Une chose cependant m'inquiétait. Dans la ferveur de mon zèle et pour me donner l'apparence enviée d'un vieux zouave, au moment de mon départ de Paris, je m'étais fait raser cette partie du crâne qui touche au front. Les cheveux recommençaient à pousser un peu, mais pas assez pour cacher la différence de niveau. J'enfonçai donc ma casquette, dont je rabattis la visière éraillée sur mes sourcils, me jurant bien de ne saluer personne, le général de Moltke vînt-il à passer devant moi à la tête de son état-major. Les plus étranges idées me traversaient l'esprit. Il me semblait que tout le monde me reconnaissait, ceux même qui ne m'avaient jamais vu. Quiconque me regardait n'allait-il pas s'écrier : C'est un zouave, un fugitif ? J'évitai de rencontrer les yeux des passants. La vue des Prussiens que je croisais dans les ruelles d'Étain me donnait le frisson. L'un deux n'allait-il pas me mettre la main au collet ? Par exemple, j'étais décidé à me faire tuer sur place. Je m'efforçais d'imiter de mon mieux la tournure et la marche pesante de mon guide.

— Ça, me disais-je, Étain est donc grand comme une ville ?

Nous marchions à peine depuis cinq minutes, et il me semblait que j'avais parcouru déjà deux ou trois kilomètres de maisons.

La dernière m'apparut enfin ; un soupir de satisfaction saluait déjà ma sortie d'Étain, lorsque sur la route se dessina la silhouette d'une sentinelle allemande qui se promenait de long en large. Mon compagnon me jeta un coup d'œil expressif ; fusillé ou libre, la question se posait nettement. Encore trente pas, et nous étions devant la sentinelle, dont la promenade barrait le chemin. Je ne songeai même plus à fumer. Toutes les facultés de mon esprit étaient tendues vers un but unique : avoir la démarche, le visage, le geste d'un paysan. Le Prussien n'allait-il pas deviner le zouave sous la blouse et croiser baïonnette, et, si je faisais un mouvement, se gênerait-il pour me casser la tête d'un coup de fusil ? Les battements de mon cœur me faisaient mal. Mon compagnon sifflait toujours ; je l'admirais. Comment faisait-il ? Enfin nous approchons, lui sifflant, moi traînant mes lourds sabots dans la boue et balançant mes épaules ; nous voilà juste en face du soldat ; il nous regarde et continue sa marche ; nous passons lentement, d'un pas égal et pesant. Il ne m'arrête pas, il se tait. Il m'a donc pris pour un vrai paysan ? Quel triomphe ! Le reste ne me paraît plus rien. La respiration me revient ; le paysan cligne de l'œil, et, comme il me voit rire :

— Ah ! ce n'est pas fini ! me dit-il.

Au premier coude de la route nous prenons une allure plus rapide. Bientôt après une voiture arrive au grand trot.

— Regardez, me dit mon guide, qui me pousse du coude.

Un officier prussien était assis dans la voiture, les deux mains sur la poignée de son sabre. Un propriétaire du voisinage, désireux de lui plaire, pressait le cheval à coups de fouet. Quoi ! des officiers encore après des sentinelles ! La voiture nous atteint et nous dépasse. L'officier ne tourne même pas la tête. Le propriétaire qui lui sert de cocher sourit d'un air agréable. Je suis sauvé !

Les sabots que portent mes pieds sont incommodes et pesants ; ils me gênent un peu, et je les perds dans les ornières quelquefois, mais qu'est-ce que cela auprès des tortures de la veille. Nous marchons d'un pas vif ; j'ai rallumé ma pipe éteinte, je la fume avec délices. Le pays que je traverse me paraît charmant, jamais je n'ai vu nature si belle ; les arbres ont une verdure qui réjouit les yeux, les eaux qui courent çà et là invitent à boire par leur fraîche limpidité, le vent est doux, la pluie tiède. A mesure que nous laissons derrière nous les fermes et les hameaux, nous rencontrons sur la route, quelquefois longeant les sentiers à travers champs, des contrebandiers belges et français chargés de hottes d'osier que leurs épaules portent allègrement. Tous profitent du désarroi général pour introduire en grande hâte leurs chargements de tabac. Aucun d'eux ne semblait songer aux douaniers. C'était un métier tout trouvé et qui allait à merveille à notre costume. Depuis ce moment-là, si, d'aventure, nous étions accostés par quelque voyageur qui s'avisait de nous questionner, la réponse était toute prête, nous étions contrebandiers et nous allions en Belgique faire provision de tabac.

Cette voiture rapide où j'avais vu l'officier prussien nous rattrapa. Le propriétaire qui la conduisait, malgré son empressement à servir de cocher à notre ennemi, avait l'air d'un brave homme. Je me hasardai sur la mine à lui demander s'il ne voudrait pas nous prendre avec lui.

— Volontiers, répliqua-t-il.

Le propriétaire aimait à causer ; il ne se gêna pas pour nous demander ce que nous faisions et où nous allions. Le tabac répondait à tout. J'aurais voyagé ainsi jusqu'au bout du monde ; malheureusement le propriétaire et le cheval demeuraient à Spincourt où force nous fut de leur dire adieu.

Je rattrapai donc mes sabots que j'avais laissés au fond de la cariole et me remis à marcher, cherchant des yeux si quelque autre voiture ne se montrerait pas aux environs. Mon compagnon, qui était à sa manière une espèce de philosophe, bourra sa pipe et hochant la tête :

— Nous en avons trouvé une, nous en trouverons bien une autre, allons toujours, me dit-il.

J'allongeai le pas de façon à lui prouver que mes jambes n'avaient rien perdu de leur activité. Mais tout m'arrivait à souhait depuis mon entrée à Étain. Un véhicule qui tenait de la tapissière et du char-à-bancs se présenta, traîné par un fort cheval qui faisait tinter un collier de grelots. Je demandai au conducteur s'il y avait place auprès de lui pour deux voyageurs un peu fatigués.

— Cela dépend, répliqua-t-il d'un air narquois.

Je tirai une pièce blanche du fond de ma poche ; l'homme sourit et la voiture s'arrêta.

— Je vois ce que c'est, continua-t-il en se tenant dans son coin, vous êtes pressés d'arriver en Belgique ?

— Un peu, lui dis-je.

— Malheureusement je ne vais qu'à Longuyon.

C'était autant de gagné ; à Longuyon mon guide me fit prendre un sentier derrière le village et me conduisit chez un paysan qui connaissait la contrée comme s'il en avait dressé le cadastre. Je m'expliquai cette science géométrique en voyant entre ses jambes un fusil dont il astiquait la platine. Un chien de chasse dormait, le museau dans les pattes, sur le carreau de l'âtre.

— Je comprends, mes bons amis, ne parlez point, dit le braconnier... vous voulez gagner la frontière ?... je vais vous mettre dans le bon chemin.

Il prit à travers champs, accompagné de son chien qui quêtait la queue au vent, et, tout en marchant, il donnait à mon guide d'utiles renseignements sur l'itinéraire qu'il nous fallait suivre.

— As-tu compris ? dit-il enfin. Et sur un signe de l'homme d'Étain :

— Quand vous serez à un village qu'on appelle la Malmaison, demandez M. le maire ; c'est un brave homme qui vous donnera un coup d'épaule.

J'échangeai une rude poignée de main avec le braconnier de Longuyon et m'engageai dans un pays magnifique. Encore une promenade de quelques lieues et j'étais en Belgique.

Le maire de Malmaison était bien l'homme que m'avait indiqué mon ami de la dernière heure. Le regard amical et compatissant qu'il me jeta m'encouragea à ce point que, pour la première fois depuis mon départ d'Étain, j'enlevai la vieille casquette de loutre qui me couvrait. Il sourit en voyant la trace noire de mes cheveux rasés.

— Ah ! un zouave ! murmura-t-il.

— Et du 3e, répondis-je.

— Et qu'est-ce qui reste du régiment ?

— De quoi faire une compagnie, je crois.

Il soupira.

— Voyons, reprit-il, c'est de vous qu'il s'agit... Plût à Dieu qu'on pût sauver la France comme je vous sauverai !...

Le guide que j'avais pris à Étain, assis sur une chaise, s'essuyait le front et me regardait d'un air qui semblait dire : J'ai fait mon devoir, faites le vôtre. Je tirai de ma ceinture, cachée sous ma blouse, dix pièces d'or et les mis dans sa main. Il les compta une à une, et les faisant passer dans sa bourse de cuir : — C'est bien, me dit-il. Quatre verres étaient sur la table, chacun de nous prit le sien et l'avala d'un trait après l'avoir choqué contre ceux de ses voisins.

— En route à présent, dit le maire.

IX

Le nouveau guide qu'il m'avait procuré allait droit devant lui comme un cerf, mais l'œil au guet, l'oreille tendue, et profitant des pans de mur, des haies vives, des plis de terrain, des taillis, pour dissimuler sa marche.

— La précaution vous étonne, me dit-il, c'est qu'on a vu des uhlans par ici et ils ne se gênent pas pour mettre leurs pistolets sous le nez des gens.

Nous marchions depuis un assez long temps, lorsqu'au détour d'un chemin creux il me montra du bout de son bâton un bois devant lequel s'élevait un poteau. Un mot écrit en lettres blanches sur un écriteau noir me sauta aux yeux. — La Belgique ! c'est la Belgique ! Tout en criant j'avais pris ma course. Les sabots ne me gênaient plus.

— Oui, vous y êtes, me dit le guide, qui pénétra sur mes talons dans le petit bois, la frontière est passée ; là est Virton qui est à la Belgique, ici Montmédy qui est à la France. Vous n'avez plus à craindre maintenant que d'être pris par une patrouille belge et interné au camp de Beverloo. Mais, soyez tranquille, je sais un homme qui saura vous faire traverser les lignes belges à la barbe des chasseurs et des lanciers.

L'homme que nous cherchions, — c'était un garde, — vidait un pot de bière dans l'auberge voisine ; à la vue de mon guide il en fit venir un second, j'en demandai un troisième et la connaissance fut bientôt faite.

Il avait déjà tiré vingt Français des griffes des Prussiens et comptait bien ne pas s'en tenir là. Après m'avoir fait raconter mon histoire, dont je ne lui cachai aucun détail, il m'engagea à aller me coucher et me conduisit lui-même dans ma chambre. La vue du lit où il y avait des draps blancs me donna subitement envie de dormir. — Nous partons demain matin à six heures. A cinq heures et demie je vous réveillerai, me dit le garde. Et d'un air gai : Je n'ai pas besoin de vous souhaiter bonne nuit, n'est-ce pas?

Le fait est que je dormais tout debout. Il faut avoir eu les jambes endolories par de longues étapes, les pieds meurtris, les jointures brisées, le corps épuisé par d'excessives fatigues, et subi des sommeils lourds et pénibles sur la terre humide et dure, pour comprendre l'ineffable sensation d'étendre et d'étirer ses membres dans la fraîcheur des draps. Je m'en donnai la joie pendant un quart d'heure, luttant avec volupté contre ma lassitude. Puis mes yeux se fermèrent, et, bercé par la chanson de quelques buveurs, je ne sentis bientôt plus que la tiède chaleur du lit qui m'engourdissait.

Je dormais encore les poings fermés lorsque, de grand matin, mon guide entra pour me prévenir qu'une voiture m'attendait à la porte.

— Et je vous jure que nous arriverons à temps à la station où vous pourrez prendre le chemin de fer.

Il s'interrompit pour prendre dans sa poche son brevet de garde particulier des propriétés de M. le comte X., et me le présentant : — Avec ce bout de papier nous irons jusqu'à Bruxelles, reprit-il.

Des escouades de soldats à cheval ou à pied passaient sur la route ; nous traversions des villages qui en fourmillaient ; personne ne nous demanda rien. Il arrivait quelquefois que des piétons, ou des campagnards qui filaient en cabriolet, nous saluaient d'un grand bonjour bruyant. Le garde y répondait d'une voix joyeuse en faisant claquer son fouet.

— Ce n'est pas plus difficile que ça, me dit-il enfin en arrêtant son cheval au village de Marbrehau, où il y avait une station de chemin de fer.

La maison devant laquelle la voiture qui nous portait fit son dernier tour de roue, appartenait à une famille de gros cultivateurs. Ces braves gens m'accueillirent de leur mieux et insistèrent avec bonhomie pour me faire asseoir à leur table. En un tour de main le couvert fut dressé. Ils ne se lassaient pas de me questionner et il fallut leur raconter mon histoire de point en point. Leur curiosité ne se fatiguait pas et la franchise de leur hospitalité m'engageait à tout dire ; volontiers ils m'auraient retenu jusqu'au lendemain, mais un coup de cloche m'avertit que le train allait partir. Toute la famille me fit des adieux qui me touchèrent et voulut m'accompagner jusqu'à la gare comme si j'avais été l'un des leurs. C'était à qui me donnerait la plus vigoureuse poignée de main.

Au moment où j'arrivai sur le quai de gare, un visage m'apparut qui me fit tressaillir. Je venais de retrouver à la station de Marbrehau l'un de mes compagnons de tente, un zouave du 3e. Il portait un chapeau de feutre mou, une veste de grosse bure, un pantalon de drap effiloqué. — Tu t'es donc sauvé ?

— Je crois bien ! Et toi aussi.

— Pardine ! Et comment as-tu fait ?

— Je n'en sais rien.

— C'est comme moi ! Et tu vas à Paris ?

— Tout droit.

Un wagon de troisième classe nous prit tous deux. Il était plein, nous n'échangeâmes plus un mot.

Le train s'arrêtait à Namur ; chemin faisant, à l'une des stations intermédiaires, et pendant les quelques minutes que l'on donne aux voyageurs, j'eus l'occasion inattendue de rencontrer un convoi prussien rempli de blessés. Quelle installation ! Tout y était agencé pour le confort et le bien-être de ces malheureux ! Point de paille dans d'horribles wagons à bestiaux, mais des hamacs suspendus auquels la marche n'imprime aucune secousse. Le train emportait avec lui les fourneaux pour les bouillons, les tisanes, l'eau chaude, sa pharmacie, sa lingerie, son personnel d'infirmiers et de médecins. Et je pensais à mon pauvre pays qui avait donné tant de preuves d'imprévoyance et qui devait en donner tant d'autres encore !

Après un adieu muet échangé entre mon camarade et moi, chacun de nous tira de son côté ; c'était le moyen d'éveiller le moins possible l'attention.

Le quai de Namur était tout rempli de dames belges empressées autour des malheureux qui sortaient des wagons. Elles faisaient connaissance avec les plus effroyables misères. Quelques-unes joignaient les mains à notre aspect.

— Ces pauvres soldats français ! répétaient-elles.

Parmi ceux auxquels elles voulaient prodiguer leurs soins et leurs aumônes, plusieurs tombaient d'inanition. On les voyait s'abattre sur les bancs ou se traîner, avec de longs efforts. On en recueillit un certain nombre dans une caserne voisine où ils trouvèrent à manger, mais ils y restèrent prisonniers. J'étais résolu n'avoir affaire à personne et à me suffire à moi-même. Cependant une dame qui devait appartenir au monde le plus élégant de Namur, si j'en juge par la toilette, me voyant boiter très-bas, s'approcha et d'un air de pitié s'offrit à me panser.

— Merci, madame, ce n'est rien, lui dis-je.

Elle me suivit et voulut glisser dans ma main une pièce de monnaie :

— Prenez au moins cela, ce sera pour vous acheter du pain et du tabac, reprit-elle doucement.

Je ne pus m'empêcher de sourire et, lui rendant sa pièce blanche, je l'engageai à la donner à de plus misérables que moi. Elle parut un peu surprise ; mais la laissant là, les deux mains dans les poches de mon pantalon de toile bleue, je sortis de la gare.

Un hôtel se trouvait en face. Je me dirigeai vers cet hôtel et demandai une chambre au garçon qui attendait devant la porte. Il prit une attitude et me toisant de la tête aux pieds :

— Nous ne recevons pas de mendiants, me dit-il.

J'avais bonne envie de lever le pied qui m'obéissait encore et de lui en faire sentir la vigueur, mais ce n'était pas le moment de faire une algarade ; je tournai le dos au garçon frisé et cherchai fortune ailleurs. Il me semblait que je marchais dans un rêve. Étais-je bien dans la réalité ? Une boutique dans laquelle on vendait du tabac se trouva devant moi, j'y entrai. La marchande était jeune et avait l'air avenant ; j'avançai une pièce d'or sur le comptoir et lui exposai ma situation.

— Ah ! je comprends, dit-elle en me regardant, suivez-moi...

Elle se leva, et d'un pied leste me conduisit dans une maison garnie du voisinage assez propre où les petits marchands et les ouvriers tranquilles trouvaient gîte.

— Une nuit est bientôt passée, me dit-elle alors.

Le sommeil en prit la totalité ; j'avais un besoin de dormir dont rien ne pouvait combler l'arriéré. Il fallut me secouer au petit jour pour me faire prendre le train qui partait à six heures et devait me conduire à Bruxelles.

Mon premier soin en descendant de wagon

fut de sauter dans une voiture et de prier le cocher de me conduire chez les fournisseurs dont j'avais besoin. Il sourit d'un air malin.

— Alors, monsieur me prend à l'heure et me fait faire des courses *d'évadé?* me dit-il en appuyant sur le mot.

Habillé à neuf de pied en cap et laissant ma défroque dans la voiture, je me présentai chez le consul français qui me reçut avec la plus aimable courtoisie et se mit tout entier à ma disposition. J'avais eu soin de le prévenir, il est vrai, que je n'avais aucun besoin d'argent. La précaution le fit sourire.

— Eh ! dit-il, tous les évadés n'en peuvent pas dire autant. — Et vous voulez rentrer en France ! reprit-il en se mettant en devoir de remplir les blancs d'une feuille de papier imprimée qu'il avait devant lui.

— Dès aujourd'hui, si je peux.

Le consul me fit donner ma parole d'honneur

que j'appartenais au 3e régiment de zouaves et me remit mon laisser-passer.

Je le remerciai et, me hâtant de courir à la gare, je sautai dans le premier train qui filait vers l'ouest ; une ou deux heures après j'avais franchi la frontière; mais à la première gare française où le train s'arrêta, un visage ami frappa mes regards : c'était encore un zouave du 3e régiment, un de ceux que j'avais vus à Sedan et avec qui j'avais partagé les misères de la presqu'île de Glaires ! Il n'y a plus ni grade ni hiérarchie dans ces moments-là ; il me tendit la main et je la serrai vigoureusement ; je ne savais pas encore que le lieutenant R..... devait être un jour mon capitaine et que nous nous retrouverions sous la tente comme nous nous étions rencontrés dans un wagon.

Nous avions tant de choses à nous dire que les paroles n'y suffisaient pas ; quelquefois nous interrompions nos récits par de longs regards jetés sur les plaines de la Flandre ; le paysage avait une monotone placidité ; qui ne connaît les lignes plates de ces interminables campagnes dont l'uniformité grasse se noie dans un horizon lointain ! Elles nous paraissaient les plus charmantes du monde : c'était les campagnes du pays. Je comprenais à présent la valeur profonde et douce de ce mot cher aux soldats ! Je le revoyais mon pays, et une émotion indéfinissable me pénétrait.

Mais cette émotion même devint craintive à Creil. Le train resta longtemps immobile à la gare ; le bruit se répandit que la ligne était coupée et qu'il n'était plus possible d'avancer ! Ce fut un quart d'heure d'angoisse atroce ; les voyageurs s'interrogeaient les uns les autres. Fallait-il donc perdre l'espoir d'arriver ; mais enfin la locomotive siffla, le train repartit à toute vapeur, et à deux heures du matin j'entrai à Paris. Non, il faut avoir passé par ces dures anxiétés pour savoir ce que la vue des longues rangées de maisons peut remuer le cœur. On étouffe !

C'était le 14 septembre ; trois ou quatre jours après Paris était investi ; le siége allait commencer.

DEUXIÈME PARTIE

UNE CAMPAGNE DEVANT PARIS

X

Quand j'arrivai à Paris, aucun de mes amis ne m'attendait plus. On me croyait mort ou à l'agonie dans quelque ambulance prussienne. Les optimistes supposaient que j'avais eu la chance d'être au nombre des cent mille prisonniers ramassés dans le grand coup de filet de Sedan et que je mangeais du pain noir dans quelque forteresse d'Allemagne. Ils ne se trompaient qu'à demi. On me traitait en ressuscité.

Bientôt il fallut songer à rentrer au régiment. Mon pied me faisait grand mal encore et je boitais bel et bien ; mais toute la question pour moi était de découvrir ce qui restait du 3e zouaves, qui venait de passer par le double creuset de Reischoffen et de Sedan.

Ces mêmes promenades qui avaient marqué mon engagement recommencèrent. L'administration, dans mon cher pays, n'a-t-elle pas l'art de compliquer les choses les plus aisées et de rendre obscures les plus claires ? A la place, où je me présentai d'abord, on me répondit, après une longue attente, qu'il fallait me rendre à l'intendance. Là, nouvelle attente aux portes des bureaux, après quoi un commis qui rangeait des papiers m'assura, sans me regarder, que j'avais fait fausse route, et que je devais bien vite courir au Gros-Caillou où j'aurais à demander le bureau de recrutement. — Et il ajouta à demi-voix : — Ces imbéciles de la place n'en font pas d'autres !

Au Gros-Caillou, un garçon de salle me déclara que les bureaux étaient fermés et que j'aurais à revenir le lendemain.

Le lendemain, l'employé auquel je m'adressai au bureau de recrutement, rit beaucoup de l'édourderie de ces messieurs de l'intendance et me conseilla d'aller aux Isolés, à la caserne de Latour-Maubourg. J'y courus.

Un triste spectacle m'y attendait. C'était le lendemain du jour néfaste de Châtillon. Un rassemblement d'hommes s'agitait dans les cours. Ils respiraient l'accablement. Mon cœur se mit à battre quand je reconnus parmi ces vaincus l'uniforme des zouaves. La plupart appartenaient aux 1er et 2e régiments. Ils étaient encore sous le coup de cette retraite et, comme toujours dans les mêmes circonstances, on prononçait le mot de trahison. Dans cette troupe de fugitifs qui appartenaient à différents corps, aucune cohésion, plus de lien. Le moral avait disparu. Je ne tirai de toutes ces bouches que des plaintes et des lamentations. C'est alors que je compris la force secrète de ce qu'on appelle l'esprit de corps. Ma vue s'était troublée à l'aspect de l'uniforme que j'avais choisi. J'en avais reçu comme une blessure.

N'ayant plus rien à faire aux *Isolés*, je pris le parti vigoureux de retourner à la place. Là le commis auquel j'avais eu affaire tout d'abord faillit se fâcher tout rouge contre les animaux — je raconte — qui encombraient les bureaux de l'intendance, et me poussa dehors. Je me rendis donc à l'intendance pour la seconde fois, déterminé à faire la navette de l'intendance au Gros-Caillou et du Gros-Caillou à la caserne des Isolés aussi longtemps qu'on le voudrait.

Dans les antichambres de l'intendance je rencontrai un camarade qui avait partagé la pluie et les demi-biscuits de la presqu'île de Glaires et qui était parvenu, comme moi, à s'évader. Il appartenait à l'arme de l'infanterie et c'était, comme moi, un engagé volontaire.

— Ce n'est pas fini, me dit-il, et vous en verrez bien d'autres ! Ne vient-on pas de me délivrer une feuille de route pour le dépôt de mon régiment, et savez-vous où il fait l'exercice, ce dépôt ?

— Je ne m'en doute pas.

— A Strasbourg, qui est investi depuis trois semaines ! Me voyez-vous tout seul en face de l'armée du général Werder et voulant en enfoncer les lignes ! Mais voilà ! les registres portent que le dépôt de mon régiment est à Strasbourg, on m'envoie à Strasbourg et il faudra bien des paroles pour faire entendre raison aux bureaux.

Et quand on pense que ces choses-là se passaient à la même heure d'un bout de la France à l'autre !

J'entrai à mon tour dans le bureau où l'on

m'avait déjà reçu et, à force d'explications — et non sans peine — j'obtins une feuille de route pour le dépôt du 3e zouaves — qu'on reconstituait provisoirement à Montpellier. Ce n'était pas mon affaire ; mais, bien résolu à faire partie de la garnison de Paris, j'attendis. Vingt-quatre heures après j'avais la certitude que les trains de la ligne de Lyon ne marchaient plus. Désormais, j'appartenais au corps d'armée du général Vinoy. Cette fois, instruit par l'expérience, je ne pris conseil que de moi-même. Un zouave à tambour jaune rencontré par hasard me raconta qu'une poignée de ceux qui avaient fait la trouée de Sedan se trouvait à la caserne de la rue de la Pépinière avec quelques débris des 1er et 2e régiments et de petits détachements envoyés des trois dépôts. Je m'y rendis. On m'y reçut à bras ouverts, mais pour ne pas subir de nouveaux retards une seconde fois, je me hâtai de me faire habiller à mes frais.

L'aspect de la grande ville était changé. Ce n'était déjà plus le Paris que j'avais quitté. Il y avait un air d'effarement partout ; les ménagères couraient aux provisions ; on chantait encore *la Marseillaise*, mais d'une voix moins haute ; on savait à quel ennemi on avait affaire. Cependant l'orgueil national, l'orgueil parisien, pourrais-je dire, se tendait. On avait été battu, c'est vrai, mais sous les murs de la grande ville on pouvait, on devait vaincre. La population tout entière était debout, elle avait des armes. La bourgeoisie et le peuple semblaient ne faire qu'un. Les remparts et les forts se hérissaient de canons. Le tambour battait, le clairon sonnait ; on faisait l'exercice sur toutes les places. Et puis la République n'avait-elle pas été proclamée ? C'était la panacée ; quelques-uns même, les enthousiastes, s'étonnaient que l'armée du prince royal ne se fût pas dispersée aux quatre vents à cette nouvelle. Ce miracle ne pouvait tarder. D'autres, il est vrai, mais n'osant pas exprimer leur sentiment, estimaient que c'était un désastre, et que ce mot seul paralyserait la défense en province. Que d'orages d'ailleurs dans ces quatre syllabes qui portaient la marque de 93 ! mais cela était en dessous et ne se faisait jour que dans les conversations intimes. Le peuple, qui ne travaillait plus et jouait au soldat, agitait ses fusils à tabatière. Il y avait une grande effervescence. Le gouvernement du 4 septembre n'avait qu'à commander ; il était obéi. On attendait avec anxiété, avec une impatience fiévreuse où il y avait de la joie, le retentissement du premier coup de canon. On l'entendit, et la population qui courait au Trocadéro sut enfin que le cercle de fer de l'armée prussienne se fermait autour de Paris.

J'appartenais alors à la 1re compagnie du 3e bataillon du 4e zouaves. Le capitaine R..., qui en avait le commandement, avait été à Sedan, comme on sait, et j'avais fait sa connaissance à l'ile de Glaires. C'était entre les évadés qui en avaient partagé les misères comme une franc-maçonnerie. Ce nouveau régiment de zouaves dans lequel je venais d'être incorporé, se composait de trois bataillons formés avec les débris des 1er, 2e et 3e régiments d'Afrique. Il portait le n° 4 ; mais il n'avait pas de drapeau. Il fut question de lui délivrer celui que les zouaves du 3e avaient sauvé de Sedan. Ce qui restait de ce régiment s'y opposa si énergiquement, que le drapeau troué de balles fut « versé » au musée d'artillerie.

Bientôt après, le régiment fut envoyé à Courbevoie, où les trois bataillons furent cantonnés, et le 3e reçut ordre de répartir son monde dans les petites maisons qui sont groupées entre le village et le remblai du chemin de fer. Des pioches nous avaient été distribuées, et sous la surveillance des officiers une centaine de bras se mirent à l'œuvre pour créneler les pauvres habitations où restaient encore quelques meubles. Quelques coups vigoureux suffisaient pour percer les murailles et faire jouer le vent de chambre en chambre. En un tour de main, le village fut mis en état de défense ; briques et moellons tombaient de ci, de là, et des lucarnes s'ouvraient partout, propres à recevoir le bout des chassepots. C'était comme si l'on se fût attendu à l'arrivée subite des Prussiens.

Au moment de notre arrivée à Courbevoie, on n'y voyait pas autres créatures vivantes que quelques chiens errant à l'aventure d'un air désorienté. Les hommes leur manquaient ; mais le soldat a une force d'attraction qui lui est propre.

Un régiment est comme une colonie qui marche. Le soir même je vis une lumière briller à la fenêtre d'une maison dont les propriétaires, plus soucieux de leur vie que de leur immeuble, avaient fait comme leurs voisins. Je m'approchai. Un marchand de vin s'y était installé avec ses verres et ses brocs, suivi d'une servante solidement bâtie. Elle connaissait de longue date les grenadiers et les voltigeurs de l'ex-garde et n'avait pas peur des zouaves. Après le marchand de vin, qui ralluma les fourneaux d'une cuisine où les officiers établirent leur popotte, vint un marchand de tabac, et Dieu sait si la clientèle lui fit défaut; puis un épicier qui rouvrit sa boutique et rapporta sa marchandise. Cet exemple fut suivi, et petit à petit, sans savoir d'où ils arrivaient, les fournisseurs rentrèrent dans leurs pénates. Il y eut même une blanchisseuse. La civilisation reprenait possession de la ville morte.

On ne peut pas percer des murs continuellement, même quand c'est inutile ; la besogne de créneler la partie du village que nous occupions avait été faite en un jour. Nous ne savions rien de ce qui se passait à Paris. Les journées s'écoulaient lentement, pesamment; nous n'avions pour distraction que les grand'gardes qu'on nous envoyait monter sur les bords de la Seine. On avait l'émotion de la surveillance. On nous employait aussi aux travaux de la redoute de Charlebourg ; mais les zouaves qui manient le mieux le fusil manient très-mal la pelle et la pioche. On faisait grand bruit autour des brouettes, et la besogne n'avançait pas. Une chanson, un récit, une calembredaine faisaient abandonner les outils, et, quand on les avait abandonnés, on ne les reprenait plus. Après quelques jours d'essai, on nous remplaça par des soldats de la ligne et des mobiles. L'ennui devenait endémique et quotidien. Un exercice de deux heures en coupait la longue monotonie.

Un jour vint cependant, le 16 octobre, où le bataillon crut qu'on allait avoir quelque chose à faire ; quelque chose à faire, en langage de zouave, signifiait qu'on avait l'espérance d'un combat. On prit les armes avec un frémissement de joie, et l'on nous dirigea vers le rond-point de Courbevoie, où des batteries de campagne nous avaient précédés. Là on mit l'arme au pied, et on attendit. Aucun bruit ne venait de la plaine. Si on ne nous attaquait pas, c'est que nous allions attaquer. On attendit encore ; un contre-ordre arriva, et on nous ramena la tête basse dans nos cantonnements.

Le lendemain, l'ennui reprit de plus belle. Il y avait déjà plus d'un mois que l'investissement avait commencé, et je n'avais pas encore tiré un coup de fusil. On vidait les gamelles deux fois par jour, on jouait au bouchon, on se promenait les mains dans les poches, on pêchait à la ligne, on bourrait sa pipe, on la fumait, on la bourrait de nouveau, on regardait les petits nuages blancs qui s'élevaient au-dessus du Mont-Valérien après chaque coup de canon, on s'intéressait au vol des obus, on cherchait une place où dormir au soleil dans l'herbe.

XI

Cependant le 21 octobre on nous fit prendre les armes de grand matin. Le bataillon s'ébranla ; il avait le pas léger. Pour ma part, je n'étais point fâché de voir ce que c'était qu'une affaire en ligne. Tout m'intéressait dans cette marche au clair soleil d'automne. Le remblai du chemin de fer franchi, on nous fit faire halte. Pourquoi ? L'esprit frondeur qui, sous le premier Empire, avait rempli la vieille garde de grognards, s'exhalait déjà dans nos rangs en quolibets et en réflexions ironiques, et comme mon serre-file demandait à voix basse la cause de ce temps d'arrêt :

— Ah! tu veux savoir, toi qui es curieux, pourquoi on nous fait attendre les pieds dans la rosée, au risque de nous faire attraper des rhumes de cerveau? dit un caporal; je vais te le dire en confidence, mais à la condition que tu garderas ce secret pour toi.

Et, sans attendre la réponse du camarade, le caporal, se faisant de ses deux mains un porte-voix, reprit d'une voix sourde :

— Vois-tu, petit, on attend pour donner aux Prussiens, qui sont à flâner sur une longue ligne, le loisir de se rassembler en tas... C'est une ruse de guerre.

Les soldats se mirent à rire, les officiers firent semblant de n'avoir rien entendu.

J'ai pu remarquer depuis lors que cet esprit gouailleur, pour me servir du terme parisien, est une des habitudes, je pourrais dire des traditions de l'armée. Elle n'a point d'influence sur le courage personnel du soldat ni même sur la discipline. Le soldat entretient sa gaieté aux dépens de ses chefs; mais, bien commandé, il marche bravement, et, s'il réussit, il se moque au bivouac de sa propre raillerie.

Vers onze heures, le bataillon reprit sa marche. Le contre-ordre qu'on redoutait n'était pas venu. Nanterre fut traversé. Il n'y avait personne sur le pas des maisons. Le village des rosières avait un aspect désolé. Les magasins étaient fermés, les fenêtres closes, le silence partout. Le bruit de notre marche cadencée sonnait entre la double rangée des maisons vides. Parfois cependant les têtes de quelques habitants obstinés apparaissaient derrière un pan de rideau. Nous avancions le long de la levée du chemin de fer de Saint-Germain dans la direction de Chatou, laissant derrière nos files la station de Rueil-Bougival.

Il me serait impossible d'exprimer ce qui se passait en moi, tandis que je parcourais, le chassepot sur l'épaule, en compagnie de quelques milliers de soldats, ce pays charmant dont je connaissais les moindres détails. Mes yeux regardaient en avant, et ma pensée regardait en arrière.

Une partie du 3e bataillon servait de soutien à l'artillerie, qui tirait à volées sur la Malmaison et la Celle-Saint-Cloud, d'où les batteries prussiennes répondaient faiblement. Les obus qu'elles nous envoyaient dépassaient nos canons et tombaient près de nous ; mais, reçus par une terre humide et meuble, ces projectiles n'éclataient pas tous et nous faisaient peu de mal. J'avais oublié Bougival et les promenades faites en canot en d'autres temps pour ne plus m'occuper que des obus : ils sifflaient l'un après l'autre et continuaient à tomber, tantôt plus loin, tantôt plus près. Cette immobilité à laquelle nous étions tous condamnés est l'une des choses les plus insupportables qui se puissent imaginer. Elle constitue, je le sais, l'une des vertus essentielles de toute armée, la constance et le sang-froid dans le péril ; mais quelle anxiété et surtout quelle irritation ! Les nerfs se prennent, et l'on a sous la peau des frissons qui ne s'effacent que pour revenir. J'avais passé par Sedan où les balles et les projectiles pleuvaient et faisaient voler la pierre et les briques des murailles, l'eau des fossés, la poussière du chemin ; mais là j'étais dans l'action, je faisais le coup de feu, j'avais le mouvement avec le danger. J'affectai cependant une tranquillité qui n'était pas dans mon cœur. C'était comme un nouveau baptême que je recevais, et je voulais m'en montrer digne. Nos yeux cherchaient à découvrir la batterie d'où nous venaient ces obus ; ils n'apercevaient rien qu'un peu de fumée blanche s'élevant en flocons derrière un bouquet d'arbres.

L'ordre de pousser plus avant arriva enfin,

et bientôt après le bataillon était déployé en tirailleurs dans la plaine qui s'étend entre le chemin de fer américain et la Seine. Nous étions tous couchés à plat ventre , l'un derrière un buisson, l'autre dans un fossé, celui-là à l'abri d'un arbre, celui-ci dans le creux d'un sillon. Chacun cherchait un abri, chargeait et tirait. J'avais devant moi , au bord du chemin de halage, la guinguette du père Maurice, si chère aux peintres, et sur ma droite, dans l'île de Croissy, cette Grenouillère d'où partent tant de rires en été. Les magnifiques trembles de l'île s'étaient revêtus de teintes superbes, on distinguait à travers les arbrisseaux de la rive les cabanes si bruyantes encore au mois d'août, et maintenant le roulement du canon et le crépitement de la fusillade remplaçaient la gaieté d'autrefois.

On tirait sur nous des maisons de Bougival ; nous nous mîmes à tirer sur Bougival. Le mal que nous faisions n'était pas grand. Quelquefois nous avancions, quelquefois nous reculions ; l'intensité plus ou moins vive du feu y était pour quelque chose, les ordres qu'on nous donnait pour le reste. Un pauvre zouave de seconde classe, qui n'avait vu qu'une défaite et une capitulation, n'a pas d'avis à émettre sur des opérations de guerre; il me semblait pourtant que cette affaire était menée sans vigueur et surtout sans ensemble. Cependant on se battait ferme autour de la Malmaison. Le parc était en feu ; les pierres et le plâtre du mur d'enceinte sautaient en éclats. Je tiraillais toujours. Je regardais tomber les branches des arbrisseaux coupées par les balles comme avec une serpe.

C'est là que pour la première fois j'ai remarqué cet air de stupéfaction que prend le visage d'un homme frappé à mort. C'est de l'effarement. Il y en a qui restent foudroyés. J'avais près de moi un zouave qui chargeait et déchargeait son chassepot accroupi derrière un saule. Il en appuyait le bout sur la fourché de deux branches, et ne lâchait son coup qu'après avoir visé. De temps à autre, je le regardais. Un instant vint où, ne l'entendant plus tirer, je me retournai de son côté. Il était immobile, la tête penchée sur la crosse de son fusil, le doigt à la gâchette, dans l'attitude d'un soldat qui va faire feu. Un filet de sang coulait sur son visage d'un trou qu'il avait au front. Il était mort. Aucun de ses membres n'avait remué.

Une sonnerie de clairon nous fit commencer un mouvement de retraite. On reculait, puis sur un nouveau signal on s'arrêtait. Des obus passaient sur nos têtes; mais, chemin faisant, nos baïonnettes trouvaient à s'occuper. Elles nous servaient à fouiller les champs et à en arracher de bonnes pommes de terre que nous glissions dans nos poches. L'ordinaire se faisait incertain, et quelques légumes venaient à propos pour en varier la maigreur. Un temps se passa mêlé de haltes et de marches, après lequel un ordre définitif nous fit rentrer dans nos cantonnements.

Le village de Nanterre, que nous avions traversé une première fois en tenue de campagne, devint un lieu de promenade. Ce village avait une physionomie particulière qui brillait par l'originalité. On ne pouvait pas dire qu'il fût peuplé ; on ne pouvait pas dire non plus qu'il fût désert. Il y avait des habitants; quelques-uns étaient de Nanterre certainement, mais d'autres avaient été conduits là par les hasards de la guerre; Nanterre me rappelait ces pays frontières dont il est question dans les romans de Walter Scott, et que les gens de la plaine et de la montagne pillaient alternativement. Un certain commerce interlope s'était établi dans le village, situé à égale distance de Courbevoie et de Rueil. Patrouilles françaises et reconnaissances prussiennes s'y promenaient avec la même ardeur. On y échangeait des coups de fusil, mais dans l'intervalle les habitants vendaient du tabac aux uns et aux autres sur le pied de la plus parfaite égalité. Si les coups de feu partaient, les habitants rentraient chez eux et se tenaient cois. La bourrasque éteinte, ils ouvraient la fenêtre, risquaient un œil dans la rue, et, sûrs que tout danger avait momentanément disparu, quittaient leurs maisons comme des lapins leurs terriers après le départ des chasseurs.

On nous envoyait de grand'garde aux bords de la Seine. Nous passions là ordinairement vingt-quatre heures, quelquefois quarante-huit. C'étaient pour les zouaves du 3e bataillon des jours de fête. A peine arrivés autour de la redoute qui nous servait de quartier général, chacun de nous se faufilait du côté d'une sorte de tranchée creusée au bord de l'eau, en ayant soin de se défiler des balles, et on ne perdait plus de vue la rive opposée. C'était la chasse à l'homme. J'avais trop lu les romans de Fenimore Cooper pour ne pas me rappeler les pages palpitantes où il raconte les prouesses du Cerf-Agile, du Renard-Subtil et de la Longue-Carabine; mais qui m'eût dit à cette époque qu'un jour viendrait où, embusqué moi-même dans un trou fait en plein champ, j'attendrais le passage d'un ennemi pour lui envoyer une balle, et cela à une lieue d'Asnières!

La nuit venue, des distractions nouvelles nous étaient offertes. La presqu'île de Gennevilliers, qui s'ouvrait devant nous entre les replis de la Seine, était un champ ouvert à de longues promenades. Quelquefois ces reconnaissances partaient sous la conduite d'un sergent; quelquefois un caporal réunissait quatre hommes et se mettait en marche à la tête de son petit corps d'armée. La consigne était courte et sévère : tout regarder et se taire. On parcourait l'île en tout sens, silencieusement, comme des Peaux-Rouges. Quand nous suivions le bord de la rivière, où les Prussiens pouvaient avoir l'idée de jeter un pont de bateaux, on se glissait à plat ventre; de temps en temps on s'arrêtait et on écoutait; puis on rentrait et on dormait comme des souches. Au réveil, nous nous arrachions les journaux pour savoir ce qui se passait à Paris.

Je commençais à m'expliquer comment il se fait qu'on peut être mêlé à tous les hasards d'une bataille sans en rien savoir. Un soldat ne voit jamais que le point précis où il charge et décharge son fusil, le capitaine peut raconter l'histoire de sa compagnie, un colonel celle de son régiment; l'un a combattu le long d'un ruisseau, l'autre auprès d'un bouquet de bois. Il y a des bataillons entiers qui, tenus en réserve dans un pli de terrain, n'ont vu que de la fumée et entendu que du bruit. C'est pourquoi un caporal a pu me dire en toute vérité et avec l'accent de la conviction : « La bataille de Wissembourg, où j'étais, c'est un champ de betteraves autour duquel on s'est beaucoup battu... A six heures, il a fallu l'abandonner... Un de mes hommes y a perdu son sac. » Il n'y a que le général en chef qui puisse dire comment les choses se sont passées, et encore seulement après que les rapports des chefs de corps lui sont arrivés.

J'obtenais quelquefois, mais rarement et non sans peine, une permission pour venir voir mes parents. Paris avait un aspect tranquille. Si on n'avait pas entendu une furieuse canonnade, on aurait pu croire que rien d'extraordinaire ne s'y passait. Il fallait parfois faire un effort de mémoire pour se rappeler que trois ou quatre cent mille Prussiens campaient aux environs. On croyait à la victoire. Je ne pouvais pas m'empêcher d'avoir moins de confiance : j'avais vu Sedan. Je ne faisais part de mes appréhensions qu'à un petit nombre d'amis particuliers. En dehors de leur cercle intime, on m'eût pris pour un fou ou pour un agent de M. de Bismarck. On était encore dans la période de l'enthousiasme joyeux.

Paris, avec sa ceinture de forts, paraissait une ville inexpugnable. Le moyen qu'une armée de quatre cent mille hommes, soldats, mobiles et gardes nationaux, fût forcée dans ses retranchements, et la Prusse, malgré la landwehr et le landsturm, empêcherait-elle la province soulevée de donner la main à Paris ? Les orateurs ne manquaient pas pour développer ce thème, qui renfermait en germe l'espoir d'un triomphe éclatant. Chaque restaurant possédait un groupe de ces stratégistes, qui prenaient des redoutes et brisaient des lignes entre un beefsteak de cheval et une mince tranche de fromage. Les Prussiens repoussés et le café pris, on était fort gai.

Après la malheureuse affaire du Bourget, vers le 15 ou 20 novembre, le 4e zouaves reçut dans ses cadres un certain nombre de zouaves et de chasseurs de l'ex-garde qui étaient en dépôt à Saint-Denis : ils furent répartis dans les 1er et 2e bataillons ; quant au 3e, on en compléta l'effectif par une compagnie de turcos, dont la plupart étaient nés en France et plus spécialement à Paris. Cependant, parmi ces recrues, on comptait à peu près une cinquantaine de véritables Africains, Arabes ou Kabyles, rompus au métier des armes, et qui avaient vu les batailles de l'Est. Désormais il n'y eut plus dans la ville assiégée d'autres zouaves que ceux du 4e régiment.

XII

Dans les derniers jours du mois de novembre un frémissement parcourut nos bataillons. Des bruits circulaient qui nous faisaient croire qu'on allait se battre. D'où venaient-ils ? On n'avait aucun renseignement officiel, et on sentait qu'ils ne mentaient pas. Ceux qui comptaient le plus sur la bataille faisaient semblant de n'y pas croire.

— Ce sont des mots en l'air pour nous amuser ! disaient les uns.

— On a déjà perdu trop de temps pour n'en pas perdre encore, reprenaient les autres.

Mais tous, ceux qui grondaient et ceux qui

raillaient, astiquaient leurs armes et passaient la revue de leurs chaussures, cette grande préoccupation du fantassin. On ne s'ennuyait plus ; on allait voir les Prussiens. Ce ne serait pas comme dans la plaine de Gennevilliers, où pas un ne se montrait jamais.

Enfin, au plus fort de cette agitation et de cette impatience, le 28 novembre on reçut l'ordre de partir. Le matin, au point du jour, on forma le cercle, et la fameuse proclamation du général Ducrot fut lue aux compagnies. Quel silence partout ! Arrivé au passage célèbre : « Je ne rentrerai à Paris que mort ou victorieux ! » un étranglement subit coupa la voix de mon capitaine. Il porta la main à ses yeux, qui ne voyaient plus. J'étais auprès de lui.

— Fourrier, me dit-il en me passant la proclamation, lisez pour moi.

J'achevai cette lecture d'une voix nerveuse que l'émotion faisait trembler un peu. Il y eut un frisson dans les rangs. J'avais chaud dans la poitrine.

Le général Ducrot n'est pas mort et n'a pas été victorieux ; mais faut-il lui faire un crime de quelques paroles inutiles écrites avec trop de précipitation ? C'était un peu la mode alors, une sorte de manie qui s'était emparée des généraux aussi bien que des orateurs de carrefour et des gardes nationaux. Tous parlaient et prenaient à la hâte ces engagements superbes que les événements ne permettent pas toujours de tenir. Souvent la mort ne répond pas à ceux qui l'appellent. Dix fois le général Ducrot a chargé bravement à la tête de ses troupes, et dix fois les balles et les obus ont tourné autour de lui sans l'atteindre. Quoi qu'il en soit, l'effet produit par les paroles du général Ducrot fut très-grand ; elles électrisaient tout le monde, elles flattaient l'orgueil national. C'est un peu la faute de la France si on lui en prodigue en toute occasion ; elle les aime, elle se paye de mots, et croit tout sauvé quand des phrases éclatantes sonnent à ses oreilles ; mais ensuite, quand les Français se réveillent en face de la réalité triste et nue, ils crient à la trahison.

Le régiment se rendit de Courbevoie à la porte Maillot ; il marchait d'un pas ferme et léger malgré le poids des sacs. Là le chemin de fer de ceinture nous prit, et nous descendit à Charonne. Il était six heures et demie du soir au départ ; la nuit était donc tout à fait noire quand nous atteignîmes, rangés en colonne de marche, le bois de Vincennes, que nous devions traverser. On apercevait dans les profondeurs du bois et le long des avenues les feux de bivouac allumés. Il faisait un froid âpre et dur. Le vent qui secouait les rameaux dépouillés des arbres faisait osciller les flammes et projetait dans l'ombre des lueurs bizarres et flottantes. Des massifs étaient soudainement éclairés, d'autres plongés dans les ténèbres. Les armes en faisceau brillaient et semblaient lancer des éclairs subits. Tout autour des brasiers, des groupes de soldats étaient couchés. Les uns dormaient roulés dans leur couverture; on les voyait comme des boules, la tête cachée sous un pli de laine; d'autres, assis, les coudes sur les genoux, le visage à la flamme, qui les couvrait de clartés rouges, semblaient réfléchir, le menton pris dans les mains. D'autres encore, accroupis, tisonnaient et faisaient jaillir du foyer des gerbes d'étincelles qui les couvraient de reflets pourpres : c'était un spectacle à la fois triste et doux. Il devenait terrible par la pensée quand l'esprit se représentait cette masse d'hommes se levant et se jetant sur d'autres hommes pour les tuer. Le bruit de notre marche cadencée qui se prolongeait sous les futaies réveillait à demi les soldats ou attirait l'attention de ceux qui veillaient. Ils tournaient la tête, nous contemplaient un instant en silence, puis retombaient dans leur sommeil ou leur rêverie.

Le bois de Vincennes traversé, je ne vis plus derrière moi qu'un rideau noir baigné d'une lueur rouge qui s'éteignait dans la nuit, et que piquaient des points lumineux; nous marchions toujours. C'est ainsi que nous traversâmes Nogent, le village après le bois; mais alors des ordres transmis à la hâte nous faisaient faire de courtes haltes. Les zouaves en profitaient pour soulager leurs épaules par cette secousse rapide qui relève le sac, et dont leurs muscles ont l'habitude. Les deux mains sur le canon de leur fusil, ils attendaient, et, après quelques minutes, ils reprenaient leur marche. Un moment vint cependant où toute la colonne s'arrêta. Je déposai mon sac avec une sorte de volupté; mes reins pliaient sous le poids.

Les officiers passèrent sur le front des compagnies, et firent former les faisceaux en assignant leur lieu de campement à chacune d'elles. — Inutile de dresser les tentes, et surtout pas de feu, nous dit-on. — L'action devait donc s'engager de bonne heure? l'ennemi était donc bien près? Des chuchotements légers coururent dans les rangs, puis chacun commença ses préparatifs. Savait-on combien de nuits on avait encore à dormir? Le froid piquait ferme, je pris ma couverture et mon capuchon avec lesquels je m'enveloppai, et, bien serrés l'un contre l'autre pour nous tenir chauds, mon sergent-major et moi, nous nous étendîmes sur l'herbe trempée de rosée. Presque aussitôt nous dormions.

Ce sentiment de froid qui précède le matin nous réveilla. Le régiment fut sur pied en quelques minutes. A genoux dans la rosée, chacun roula sa couverture encore humide et la boucla sur le sac. Il faisait presque nuit; nos regards interrogeaient l'horizon. Les compagnies se rangeaient dans l'ombre, on en voyait confusément les lignes noires; des murmures de voix en sortaient. Une anxiété sourde nous dévorait; des soldats essuyaient le canon de leur fusil avec les pans de leur capuchon, ou cherchaient des chiffons gras pour en nettoyer la culasse; d'autres serraient leurs guêtres. Il se faisait de place en place des mouvements pleins de sourdes rumeurs; des officiers toussaient en se promenant; l'obscurité s'en allait; deux heures se passèrent ainsi. La route par laquelle nous étions venus et qui s'étendait derrière nous, était encombrée de convois de vivres, de régiments en marche et de trains d'artillerie. On entendait le cahot des roues dans les ornières et les jurons des conducteurs; les soldats filaient par les bas côtés.

Les crêtes voisines s'éclairèrent, tout le paysage m'apparut; nous avions campé entre les forts de Nogent et de Rosny. Une forêt de baïonnettes étincelait, et des files de canons passaient. A huit heures, l'ordre vint de mettre sac au dos. La colonne s'ébranla, on se regarda ; chaque regard semblait dire : Ça va chauffer ! Nous écoutions toujours ; le canon allait gronder certainement. Les minutes, les quarts d'heure s'écoulaient ; quelques sons rares fendaient l'air ; nous marchions alors sur une sorte de petit plateau qui descendait en pente douce jusqu'au remblai du chemin de fer de l'Est. Là tout à coup le régiment s'arrêta, nous avions parcouru 800 mètres.

— Ce sera pour tout à l'heure, se dit-on.

Quelques minutes après, nous avions mis bas nos sacs, et nos officiers, prévenus par l'état-major, nous invitaient à faire la soupe. Cette invitation est toujours une chose à laquelle le soldat se rend avec plaisir : ces cuisines en plein vent, si tôt creusées au pied d'un mur et sur les talus d'une haie, l'égayent et le réconfortent ; mais en ce moment elle fut reçue avec de sourds murmures. Était-ce donc pour manger la soupe qu'on nous avait fait venir de Courbevoie à Nogent ! A quoi pensaient nos généraux ? Leur mollesse deviendrait-elle de la paralysie ? Tout en grondant et grognant, on ramassait du bois et on allumait le feu. Les marmites bouillaient, les gamelles se remplissaient ; mais on avait l'œil et l'oreille au guet, prêt à les renverser au moindre signal. Les officiers fumaient, allant et venant d'un air ennuyé. La soupe avalée, chacun de nous grimpa sur un tertre ou sur le remblai du chemin de fer pour regarder au loin. Quelques coups de fusil éclataient par intervalles. Était-ce le commencement de l'action ? A deux heures, on nous donna l'ordre de camper. Ce fut comme un coup de massue. Plus de bataille à espérer. Ceux-ci se plaignaient, ceux-là juraient. Pourquoi ne pas nous faire planter des pommes de terre? Les philosophes, il y en a même parmi les zouaves, se couchaient au soleil sur le revers d'un fossé. Les curieux s'en allaient en quête de renseignements. J'appris enfin que le coup était manqué. On remettait la bataille au lendemain. La Marne, disait-on, avait subi une crue dans la nuit, et le pont de chevalets s'était trouvé trop court. Le tablier même en avait été emporté. C'était encore un tour de cette malechance qui nous poursuivait depuis Wissembourg. Ce pont trop court m'était suspect. Il me sembla qu'on mettait au compte de la Marne une mésaventure dont la responsabilité retombait sur nos ingénieurs. Les chuchotements de bivouac me firent supposer bientôt que, dans leurs calculs, les constructeurs du pont s'étaient trompés d'une douzaine de mètres à peu près.

— En somme, ce n'est qu'un retard de quelques heures, disaient les optimistes.

Il est vrai que ce retard profitait aux Prussiens en raison directe du tort qu'il nous faisait.

— A présent ils sont avertis ; nous en aurons demain des bandes sur le dos, répétaient les vieux.

Le jour tomba ; à six heures, l'avis passa de rang en rang qu'une distribution serait faite à Montreuil.

— Ici les hommes de corvée ! cria mon sergent.

C'était une promenade de trois kilomètres qu'on nous proposait, et il ne dépendait pas de moi de la refuser. Un camarade me fit observer que trois kilomètres pour aller et trois kilomètres pour revenir, cela faisait six kilomètres. Il m'était impossible de discuter l'évidence de ce calcul, mais ce n'était pas une raison pour rester. Il faisait un froid vif qui rendait la marche facile. Qui sait ? on aurait peut-être la chance de rencontrer un cheval mort sur lequel on taillerait un bon morceau.

Tout en causant, on avance ; point de cheval mort. Des corbeaux qui volent, et autour d'une ferme en ruine pas une poule. Nous arrivons enfin et préparons nos sacs. Rien, ni pain ni viande. Dans ces occasions, le soldat ne ménage pas l'intendance ; les épithètes pleuvent. Cependant on apprend tout à coup qu'il y a quelque chose. Quoi ? Les sourires reviennent. On retourne aux sacs, et l'on nous distribue quelques morceaux de sucre et quelques grains de café. Tristement il fallut reprendre le chemin que nous avions parcouru. Bientôt la magnificence du spectacle qui se déroulait sous mes yeux me fit oublier ma fatigue. Je ne regrettai plus d'être venu. Tout l'horizon était constellé de feux. On en voyait dans la nuit obscure les lueurs vacillantes, qui se profilaient en longues lignes et disparaissaient dans l'éloignement. Ici c'étaient des brasiers ; là des étincelles. Un vent léger secouait ces feux de bivouac qui couvraient la nuit de clartés rouges. Dans l'ombre passaient les silhouettes des sentinelles. On entrevoyait des squelettes d'arbres et vaguement les cônes blancs des tentes. J'étais seul. Derrière moi, j'entendais le pas traînant et les chuchotements irrités de mes camarades. Du côté des Prussiens, rien ; la nuit noire et profonde. Je rentrai sous la tente avec un sentiment de bien-être indéfinissable ; encore ébloui par l'étrangeté de ce spectacle, où les jeux de la lumière donnaient à l'ombre des apparences fantastiques, je me roulais dans ma couverture ; nous devions nous lever le lendemain à quatre heures. Aucune idée de mort ne me préoccupait : j'avais cette idée bizarre, mais enracinée, que rien jamais ne m'arriverait.

A quatre heures, nous étions tous debout ; c'était la fameuse journée du 30 novembre qui allait commencer. Un mouvement silencieux animait notre campement. Accroupi comme les autres dans la rosée, je défaisais ma tente et en ajustais les piquets sur le sac. On n'y voyait presque pas. Quelques tisons fumaient encore; des zouaves présentaient leurs mains à la chaleur qui s'en dégageait. Quelques-uns parlaient bas. Il y avait comme de la gravité dans l'air. Nos officiers, la cigarette aux lèvres, allaient autour de nous comme des chiens de berger. Quelques soldats se promenaient lentement à l'écart; ils ne savaient pas pourquoi; des tristesses leur passaient par l'esprit. Vers cinq heures, on défit les faisceaux et chaque compagnie prit son rang. Une demi-heure après, nous étions en route; nos pas sonnaient sur la terre dure.

Le chemin était encombré de voitures et de fourgons. Il fallait descendre dans les champs. La clarté se faisait; nous voyions des colonnes passer, à demi perdues dans la brume du matin. Il s'élevait de partout comme un bourdonnement. Les crêtes voisines se couronnaient de troupes ; des pièces d'artillerie prenaient position.

Notre régiment s'arrêta sur un petit plateau, à 200 mètres sur la gauche de Neuilly-sur-Marne. Nous étions entre le village et la ligne du chemin de fer. Un soleil radieux se leva ; il faisait un temps splendide. Un sentiment de joie parcourut le régiment. Quelques-uns d'entre nous pensèrent au soleil légendaire d'Austerlitz. Était-ce le même soleil qui brillait? Deux heures se passèrent pour nous dans l'immobilité, à cette même place, sous Neuilly. Tantôt on déposait les sacs, tantôt on les reprenait. Les alertes suivaient les alertes. On avait des accès de fièvre.

Un premier coup de canon partit, le régiment tressaillit ; la bataille s'engageait. Bientôt les coups se suivirent avec rapidité. On regardait les flocons de fumée blanche. Du côté des

Prussiens, rien ne répondait. Ce silence inquiétait plus que le vacarme de l'artillerie. Il était clair que nous devions traverser la Marne. De la place où je me dressais sur la pointe des pieds pour mieux saisir l'ensemble des mouvements, je voyais parfaitement le pont jeté sur la rivière. On en calculait la longueur.

— C'est là qu'on va danser ! me dit un voisin.

Quelle cible en effet pour des paquets de mitraille ! pas un obstacle, pas un pli de terrain, un plancher nu !

Le 1er et le 2e bataillon s'ébranlèrent ; on les dirigea du côté de Villiers. J'avais des amis dans ces deux bataillons. Le 3e ne les accompagnait pas. On les suivit des yeux aussi longtemps qu'on put les distinguer. Des ondulations du terrain, puis des traînées de fumée nous les cachaient. Le soir, au bivouac, j'appris qu'on les avait menés devant le mur crénelé d'un parc qu'on n'eut jamais la pensée d'abattre à coups de canon. L'attaque de ce mur avait, me dit-on, coûté 670 hommes au régiment, tant tués que blessés. Un officier que j'avais rencontré à la frontière y avait eu le ventre emporté par un obus.

Je n'en étais pas encore aux réflexions mélancoliques, je ne pensais qu'à la bataille ; le canon faisait rage. L'action la plus violente était engagée sur notre droite. Nous ne perdions pas un des mouvements qui se passaient sur les crêtes qui couronnent la Marne. Un grand nombre de soldats disposés en tirailleurs rampaient çà et là. Un rideau de fumée les précédait ; mais au delà tout se confondait. Qu'avions-nous au loin devant nous, des Français ou des Prussiens ? Les uns et les autres peut-être ; mais où étaient les pantalons rouges et les capotes noires ? A cette distance, les couleurs s'effaçaient, et nos officiers, qui n'avaient pas de lorgnettes, ne pouvaient faire que des conjectures.

Ne savais-je pas déjà que les officiers de l'armée de Sedan n'avaient pas plus de cartes que n'en avaient eu ceux de l'armée de Metz ?

Cette indécision, les artilleurs du fort de Nogent la partageaient. Ils ne savaient pas de quel côté faire jouer leurs pièces, et il arriva même qu'un obus lancé un peu au hasard vint tomber au milieu d'une colonne de mobiles qui s'efforçaient de débusquer des tirailleurs prussiens répandus sur le coteau. Il y avait dans le bataillon des trépignements d'impatience. La batterie qui tirait sur notre front appuyait le travail des pontonniers qu'on voyait sur les deux rives et dans l'eau, ajustant les barques et les cordes ; nous avions repris nos sacs. Trois mitrailleuses furent amenées sur le bord de la Marne et fouillèrent les taillis qui nous faisaient face sur la rive opposée. On voyait sauter les branches et des paquets de terre ; rien n'en sortit. On nous avait dissimulés derrière des maisons. Les ponts étaient prêts.

XIII

— En avant ! crièrent nos officiers.

C'était à la 1re compagnie qu'appartenait le périlleux honneur de prendre la tête de la colonne. Le général Carré de Bellemare et son état-major nous précédaient. Le pont plia sous notre marche. Je ne sais pourquoi, mais en ce moment je me mis à penser au pont d'Arcole, dont j'avais vu tant de gravures, avec le grenadier qui tombe, les bras en avant. Mon cœur se mit à battre. Je serrai nerveusement la crosse de mon fusil. J'avais un peu peur. Par combien d'obus et par quels milliers de balles n'allions-nous pas être accueillis sur ce tablier ouvert à tous les vents ! Je me voyais déjà faisant la culbute comme le soldat de la gravure et plongeant dans la rivière. J'ai toujours admiré ceux qui parlent de leur indifférence en pareille occasion ; mais est-elle aussi magnifique qu'ils le racontent ? Quant à moi, ma vertu n'avait point le tempérament aussi solide, et, si j'étais résolu à faire mon devoir, ma force n'allait point jusqu'à cet oubli de la crainte.

Cependant nous avancions toujours ; ni boulets, ni mitraille, rien. Quelle surprise diabolique nous réservait-on ? Le fer et le plomb allaient certainement tomber tout à coup dru comme grêle. Point. Le général, qui avait pris la tête, marchait au pas de son cheval, le poing sur la hanche. J'avais les yeux sur son képi aux galons d'or. N'allait-il pas voler dans l'espace ? Toujours même silence. Décidément les Prussiens ont le caractère mieux fait que je ne le supposais. Est-ce négligence ou mansuétude ?

Le pont est franchi ; le cheval du général pose ses sabots sur la terre. Nous respirons. Il nous semble que le plus gros de la besogne est fait. Tous à terre et le cœur soulagé, on nous disperse en tirailleurs, et je me porte en avant parmi ces buissons que les mitrailleuses ont fouillés. C'est à présent que les chassepots vont jouer ! Les zouaves se jettent de droite à gauche à travers les taillis comme un troupeau de chèvres. Les branches violemment fendues nous couvrent le visage d'éclats de givre. Je vois briller l'épée nue de nos officiers, qui donnent l'exemple.

— C'est comme en Afrique ! me dit un vieux zouave tout chargé de chevrons et de médailles, qui s'est évadé comme moi de la presqu'île de Glaires.

Un coup de clairon sonne ; nous nous arrêtons net. Pourquoi ce coup de clairon ? Immédiatement nous battons en retraite, et ordre nous vient de repasser le pont. Je marche tout en regardant mon voisin, qui regarde le sien. Que se passe-t-il donc ? Le canon tonnait toujours. Allait-on nous engager d'un autre côté ? Le pont traversé en sens inverse, cinq minutes après on nous le fait repasser en grande hâte ; mais alors pourquoi ce premier mouvement de retraite ?

Nous étions de nouveau lancés en tirailleurs, et cette fois nous marchions bon train. On ne paraissait pas disposé à nous rappeler ; nous avions cette idée, qu'en poussant loin en avant on nous laisserait faire. Le taillis que nous traversions était assez grand et assez épais. Les balles commencèrent à siffler, brisant les branches et faisant pleuvoir les feuilles mortes. Les tirailleurs prussiens nous attendaient. Aussitôt qu'on distinguait un casque à pointe ou une casquette plate, les nôtres répondaient. J'étais trop vieux chasseur, quoique jeune, pour tirer ainsi ma poudre aux moineaux. J'attendais l'occasion de faire un beau coup; il s'en présentait rarement.

Il y avait devant nous un vaste parc dont l'artillerie avait renversé les murs ; les Prussiens s'y étaient logés. Un capitaine qui courait nous le montra du bout de son épée. En avant ! On s'élance après lui par-dessus les pierres éboulées, on entre par les brèches ; on se précipite au milieu des massifs et des avenues. Le parc est vide, l'ennemi a décampé, laissant quelques morts, le nez dans l'herbe. Il y avait de l'autre côté du parc une route où le passage de l'artillerie et des fourgons avait creusé des ornières. A l'appel du clairon, les zouaves s'y rallient. Le beau soleil nous animait et nous égayait, nous avions chaud ; nous pensions que rien ne nous était impossible. Afin de ne pas perdre une minute, on se mit à fouiller des maisons qui bordaient la route. Pauvres maisons ! les portes en étaient ouvertes, les fenêtres enfoncées. On n'y trouva point d'habitants, et cependant il était clair que les Prussiens s'y étaient installés il n'y

13.

avait pas longtemps encore. Une pipe chaude reposait sur une table, une belle pipe en porcelaine blanche avec un portrait de la Marguerite de Faust ; j'allais étendre la main sur ce souvenir, il était déjà aux lèvres d'un caporal. Des bouts de cigare encore allumés s'éteignaient partout. Sur le coin d'une table, une omelette entamée refroidissait à côté d'un saucisson dont il ne restait qu'une moitié. Dans la maison voisine, où il y avait encore une persienne qui achevait de brûler dans la cheminée avec les débris d'une commode, un ronflement qui partait d'un coin attira mon attention. Je tirai à moi, avec le sabre-baïonnette de mon chassepot, une couverture qui s'arrondissait sur une boule. Un grognement en sortit. J'avais eu le mouvement un peu brusque : la boule remua, et j'aperçus sur son séant un grand grenadier saxon qui se frottait les yeux ; il était ivre-mort, et riait à désarticuler sa mâchoire.

— C'est un farceur ! cria un zouave de Paris qui ne croyait à rien, pas même à l'ivrognerie. Il le piqua légèrement de sa baïonnette.

— *Ya ! ya !* murmura le Saxon, et, roulant sur le côté, il s'endormit derechef.

Cependant quelques balles tirées des crêtes, dont nous n'étions plus séparés que par quelques centaines de mètres, cassaient les tuiles et frappaient les murs. Il fallut quitter les maisons et se déployer de nouveau en tirailleurs. Tout en cheminant, nous débusquions quelques vedettes prussiennes qui se repliaient sur les hauteurs en faisant feu. Nous ripostions, et chaque fois que ces vedettes s'en allaient, il tombait quelques-uns des leurs. Les forts tiraient pour appuyer notre mouvement, et les obus qui passaient en sifflant éclataient dans le parc de Villiers. C'était superbe.

Une partie de l'action, vigoureusement engagée, se passait sous nos yeux. C'était plus vif qu'à la Malmaison. Toute ma compagnie était déployée dans les vignes ; les compagnies de soutien nous rejoignirent, et la marche en avant se dessina. Il m'était difficile de tirer à coup sûr ; je tirai au jugé et en m'efforçant de calculer mes distances. Les Prussiens tenaient ferme et renvoyaient balle pour balle. Elles faisaient sauter les échalas, et souvent rencontraient des jambes et des bras. Quelques zouaves atteints descendaient la côte en traînant le pied ; d'autres se couchaient dans les sillons. Des camarades allaient quelquefois les chercher pour les mener aux ambulances, mais pas toujours. Ça me fendait le cœur d'en voir qui remuaient sous les ceps avec un reste de vie, et qu'un pansement aurait pu sauver ; mais j'avais du feu dans le sang, et ne songeais qu'à pousser mes cartouches dans le canon de mon fusil. De l'artillerie qui avait passé le pont après nous envoyait des volées d'obus sur Villiers. C'était un beau tapage ; on devient fou dans ces moments-là.

Nous étions lentement revenus sur la route ; des canons s'y étaient mis en batterie ; la nuit commençait à tomber. La batterie tirait par volées. On voyait sortir de la gueule des canons de longues gerbes de feu rouge. Ils étaient placés derrière nous, à 30 mètres à peine de nos épaules. Les éclairs larges et flamboyants passaient sur nos têtes, illuminant tout. Quand la rafale partait, nous éprouvions une secousse terrible ; mon dos pliait ; il me semblait que j'avais la colonne vertébrale cassée par la décharge. A la nuit noire, on nous fit entrer dans un grand parc où nous devions prendre gîte. Les postes furent désignés, et on plaça les sentinelles. Le sac nous pesait horriblement ; les jambes étaient un peu lasses ; nous avions marché depuis le matin dans les terres labourées, et le sac au dos, c'est dur. Les tentes montées, il fallut songer au dîner. Je n'avais pas fait mon stage sur les bords de la Meuse pour m'endormir dans le gémissement. Il y avait des champs autour du parc. J'y courus et ramassai des pommes de terre en assez grande quantité pour remplir mon capuchon. Ce n'était pas un magnifique souper, mais enfin c'était quelque chose, et ces pommes de terre cuites sous la cendre, avec un peu de café par-dessus, m'aidèrent à trouver le sommeil.

Quand on est dans les villes, on ne peut pas croire qu'on puisse dormir en face de centaines de canons prêts à tirer, avec les pieds dans l'herbe froide, une pierre sous la tête, et le ventre creux. On se fait à tout. Il faisait encore noir au moment où je m'éveillai. Il était cinq heures du matin. Les étoiles brillaient d'un éclat vif, des buées nous sortaient des narines. Le froid était piquant. Chacun de nous s'agitait autour des tentes qu'on roulait et qu'on chargeait sur les sacs.

— Tu sais, me dit un sergent tandis que j'arrangeais mon petit bagage, nous évacuons nos positions.

— Celles que nous avons prises hier ?

— Oui.

— Ce n'est pas possible !

— Tu vas voir.

C'était vrai. L'ordre en était venu dans la nuit. Chacun de nous espérait qu'on marcherait en avant et nous battions en retraite ! Cette Marne que nous avions traversée après tant d'hésitation, il fallut la retraverser. Nos officiers sifflaient entre leurs dents. On nous arrêta à l'endroit même où la veille nous avions campé et de nouveau on y dressa les tentes. Le froid devenait terrible. On avait le sentiment de ce qu'on allait souffrir. On n'avait pas besoin d'appeler des corvées pour chercher du bois. Chacun en demandait aux maisons abandonnées ou en coupait dans les taillis. Nous n'étions pas gais.

J'avais fait la connaissance d'un soldat qui s'appelait Michel. Me voyant flâner à l'écart, les mains dans mes poches, la tête basse, ce garçon, qui m'avait pris en affection pour quelques paquets de tabac, vint à moi en élargissant un sourire bonasse qu'il avait toujours sur les lèvres. Je vois encore sa tête ronde, ses petits yeux gris et ses grosses oreilles rouges qui saillaient derrière ses joues luisantes. Il avait la mine d'un chantre.

— Ça ne va pas ? me dit-il.

— Pas beaucoup.

— C'est l'effet de la retraite. On a froid quand on recule, mais c'est une habitude à prendre. Je ne suis pas un garçon instruit, comme il y en a dans le régiment, vois-tu, mais je crois que reculer est dans le règlement.

Alors, regardant autour de lui comme s'il avait eu peur d'être entendu, il se mit à rire en gonflant ses joues.

Le lendemain matin, une vigoureuse fusillade

nous réveilla en sursaut. On sortit des tentes et on courut aux armes. C'étaient les Prussiens qui étaient tombés sur les grand'gardes d'un régiment de ligne, et les avaient surprises. Les soldats qui dormaient, les fusils en faisceau, avaient été tués ou faits prisonniers. Vingt expériences ne les avaient pas corrigés. Personne n'avait appris l'art d'éclairer une armée. Tout ce bruit venait du côté de Petit-Bry. J'y connaissais une petite maison sous les arbres. Un pan de la façade était crevé. Les fenêtres, sans volets et toutes grandes ouvertes, semblaient me regarder. L'ordre nous fut donné de partir immédiatement. Le bataillon passa sous le fort de Nogent, tourna sur la gauche et gagna en grande hâte Joinville-le-Pont en longeant la redoute de Gravelle, qui lançait des obus.

— Tiens! des gardes nationaux, me dit Michel.

Il y en avait en effet plusieurs bataillons réunis autour du village. C'était la première fois que j'en voyais en ligne. Ils paraissaient fort agités, parlaient, gesticulaient, quittaient les rangs. Leurs officiers couraient de tous côtés pour les ramener. Les cantinières ne savaient auquel entendre. Quelques-uns déjeunaient, assis sur des tas de pierres. A la vue des zouaves, les gardes nationaux poussèrent de grandes acclamations. Le petit vin blanc matinal y était pour quelque chose. Ces manifestations enthousiastes redoublèrent de vivacité quand ils nous virent traverser la Marne, après quoi ils se remirent à déjeuner et à causer.

La rivière passée, on nous fit prendre une route qui traverse un bois et gagner les hauteurs de Petit-Bry. Les clameurs des gardes nationaux ne nous arrivaient plus, mais les traces du combat se voyaient partout; des arbres brisés pendaient sur les fossés; des débris de toute sorte jonchaient la terre; une roue de caisson auprès d'un képi; un pan de mur crénelé, noirci par les feux du bivouac, s'appuyait à une maison crevassée. Sur la route, nous nous croisions avec les brancardiers qui revenaient des champs voisins. Ces pauvres frères de la doctrine chrétienne donnaient l'exemple du devoir rempli modestement et sans relâche. Ils l'avaient fait dès le commencement du siége, ils le firent jusqu'à la fin. Ils passaient lentement dans leurs robes noires, portant les morts et les blessés. Leur vue nous rendait graves; nous nous rangions pour leur laisser le bon côté du chemin.

La route était dure et sèche et s'allongeait devant nous. Nous la foulions d'un pas rapide, lorsqu'un général parut, suivi d'un nombreux état-major. C'était le général Trochu. En nous voyant, il s'arrêta, et, nous saluant d'une voix où perçait un accent de satisfaction : — Ah! voilà les zouaves, dit-il; mais le régiment était si pressé d'en venir aux mains que personne ne cria. Il y eut dans les rangs comme un froissement d'armes, et notre marche, déjà rapide, prit une allure plus leste.

Presque aussitôt, et le général en chef toujours en selle, immobile sur le bas côté de la route, un brancard passa portant un soldat blessé. C'était un garçon qui paraissait avoir une vingtaine d'années, un blond presque sans barbe. Il se souleva sur le coude, et la main sur le canon de son fusil :

— *En avant!* cria-t-il, *en avant!*

L'effort l'avait épuisé, il retomba.

Les brancards suivaient les brancards. On ne les comptait plus, c'était une file. Il y avait des blessés qui ne remuaient pas, d'autres ouvraient les yeux tout grands pour nous regarder, quelques-uns gémissaient. D'autres brancards venaient portant des formes roides sur lesquelles on avait étendu des capotes. Nous étions sérieux.

De petits nuages blancs faisaient la boule sur les hauteurs voisines. Un grondement continu remplissait l'espace, il s'y produisait par intervalles des déchirements.

A un kilomètre à peu près au-dessus de Petit-Bry, on nous arrêta. Il fallut, sur l'ordre des officiers, se coucher à plat ventre et attendre. Nous étions en quelque sorte sur la lisière de la bataille, mais à portée des balles. Il en sifflait par douzaines autour de nous qui nous étaient envoyées par des ennemis invisibles. Quelques-unes écorchaient nos sacs en passant; il ne fallait pas trop souvent lever la tête. Quand on distinguait derrière l'abri d'une haie de petits flocons de fumée blanche, nous tirions au jugé ; c'était un amusement qui faisait prendre patience. Il y en avait parmi nous qui fumaient des cigarettes, accoudés sur les deux bras ; c'est la pose que prennent les chasseurs quand ils sont à l'affût du canard. J'ai bien vu alors que la curiosité était une passion. On joue sa vie pour mieux voir.

Un grand bruit me fit regarder de côté. C'étaient deux ou trois bataillons de mobiles qu'on dirigeait sur notre gauche. Ils arrivaient tumultueusement, sans ordre, et couraient parmi nous. Je crois bien que dans leur effarement ils ne se doutaient même pas de notre présence. Ils nous marchaient bravement sur le corps. Ce fut alors une explosion; chacun de nous avait un pied de mobile sur la jambe ou sur le bras. On criait, on jurait; les mobiles sautaient de tous côtés. Le rire nous prit; eux couraient toujours. Malheureusement, ce mouvement qui faisait prévoir une attaque avait été vu par les Prussiens; leurs batteries commencèrent à tirer. Bientôt les obus arrivèrent par paquets, ceux-là sifflant, ceux-ci éclatant. Ce fut alors au-dessus de nous une évolution de chutes et de soubresauts qui alternaient avec une sorte de régularité. Ces jeunes mobiles, qui n'avaient certainement jamais vu le feu, se jetaient à plat ventre, tous en bloc, officiers et soldats, puis se relevaient quand la volée de fer avait passé.

— En avant! cria une voix forte.

— En avant! répétèrent nos officiers. En un clin d'œil nous fûmes sur pied comme enlevés par une secousse électrique, et un vif élan nous porta du côté de l'ennemi. En quelques bonds, ceux qui couraient le plus vite touchèrent aux tranchées où la veille nos grand'gardes avaient été surprises; quelques-uns n'y parvinrent pas. Au moment où j'y arrivais, un grand zouave qui me précédait s'effaça subitement. Je n'eus que le temps, emporté par ma course, de sauter pardessus son corps qu'un dernier spasme agitait.

Aucun Prussien dans les tranchées; mais quel spectacle nous y attendait! Partout des sacs, des képis, des bidons, des ustensiles de campement, des cartouchières, et parmi tous ces objets des hommes étendus pêle-mêle ! Tous les sacs étaient éventrés, laissant éparses sur le sol des lettres par douzaines. Je me baissai et en pris une au hasard. Elle commençait par ces mots : « Mon cher fils, comme c'est ta fête dans quatre jours, je t'envoie dix francs...., ta petite sœur y est pour vingt sous. Quand tu écriras , n'en dis rien à ton père... » Je laissai tomber la lettre. Il y avait par terre, devant moi, un pauvre grenadier dont la tête était brisée.

XIV

Une halte nous réunit près d'une espèce de remblai où chacun se tint sur le qui-vive, le doigt sur la gâchette, prêt à faire feu et le faisant quelquefois. Nous avions devant nous des lignes de fumée blanche d'où sortaient des projectiles. J'étais fait à ce bruit, qui n'avait plus le don de m'émouvoir ; je savais que la mort qui vole dans ce tapage ne s'en dégage pas aussi souvent qu'on le croit. Tout siffle, tout éclate, et on se retrouve vivant et debout après la bataille, comme le matin au sortir de la tente ; mais ce qui m'étonnait encore, c'était le temps qu'on passait à chercher un ennemi qu'on ne découvrait jamais. On ne se

14

doutait de sa présence que par les obus qu'il nous envoyait. Il en venait du fond des bois, des coteaux, des vallons, des villages, et par rafales, et personne ne savait au juste où manœuvraient les régiments que ces feux violents protégeaient. J'avais présents à la mémoire ces tableaux et ces images où l'on voit des soldats qui combattent à l'arme blanche et se chargent avec furie ; au lieu de ces luttes héroïques, j'avais le spectacle de longs duels d'artillerie auxquels l'infanterie servait de témoin ou de complice, selon les heures et la disposition du terrain.

L'inquiétude des premiers moments éteinte, ce que j'éprouvais, c'était l'impatience. Ces temps d'arrêt toujours renouvelés, ces courses qui n'aboutissaient à aucune rencontre, me causaient une sorte d'exaspération morale dont j'avais peine à me défendre. Je commençai à comprendre le sens profond d'un mot qui m'avait été dit par un vieux compagnon à qui je demandais à quoi sert une baïonnette. — Cela sert à faire peur, m'avait-il répondu. Au plus fort de mes réflexions, une balle égratigna la terre à cinq pouces de ma tête, sur ma gauche, et un éclat d'obus rebondit sur un caillou qu'il brisa à ma droite.

— Toi, tu peux être tranquille, me dit un camarade, jamais rien ne t'écorchera la peau.

La nuit se faisait. Un capitaine prit avec lui une section et la plaça en grand'garde. J'étais de ceux qui restaient sur le remblai. On nous permit de nous étendre par terre, à la condition de ne rien déboucler, ni du sac ni de l'équipement, et d'avoir toujours le fusil à portée de la main. J'eus bientôt fait de mettre bas mon sac et de me coucher dans un creux, le chassepot entre les jambes. J'avais les paupières lourdes, et mes yeux se fermaient malgré moi. Il fallait que la fatigue fût terrible pour nous permettre de dormir par le froid qu'il faisait depuis deux ou trois jours. La terre avait la dureté du caillou; le thermomètre, à ce qu'on me dit après, marquait 14 degrés. Au bout d'un certain temps, j'ouvris les yeux; un ciel brillant resplendissait au-dessus de ma tête; les étoiles étaient comme des pointes de feu. Rien ne remuait autour de moi; je me sentais glacé. Je me levai pour marcher un peu et ramener la circulation par l'exercice; mes mains avaient la roideur du bois, elles ne m'obéissaient plus. Comment aurais-je fait s'il m'avait fallu prendre mon chassepot? Quelques coups de canon retentissaient au loin, un grand silence m'entourait.

Je m'écartai du remblai. Mes pieds tout à coup heurtèrent un obstacle qui avait la rigidité d'un tronc d'arbre. Je trébuchai; c'était un cadavre roide et froid, parfaitement gelé. Le corps, que je soulevai, retomba lourdement, tout d'une pièce, sur le sol, avec un bruit dur; d'autres cadavres étaient répandus çà et là dans toutes les attitudes. La vue d'un mur crénelé dont la ligne blanche apparaissait vaguement dans la nuit, me fit reconnaître l'endroit où l'avant-veille on avait déchaîné la moitié du régiment contre le parc de Villiers. Que de morts ! Ils portaient presque tous l'uniforme des zouaves. On reconnaissait à la torsion de leurs membres ceux qui avaient fait quelques pas avant d'expirer ; d'autres tenaient encore leur fusil avec le geste menaçant du combat. Plusieurs, étendus sur le dos, tournaient leur visage blanc vers le ciel; leurs lèvres ouvertes avaient laissé échapper un dernier cri. Toutes les sensations de la dernière minute se reflétaient comme figées par la mort sur leurs traits immobilisés. Il y avait de la stupeur, du désespoir, de la colère, de l'effroi, puis les contractions de l'agonie. Le sentiment d'une tristesse sans bornes s'empara de moi, tandis que j'errais parmi ces cadavres dans la transparente obscurité de la nuit.

J'allai de l'un à l'autre, cherchant à reconnaître ceux de mes amis que j'avais perdus ; il en était deux que je tenais à revoir. Il me fallut retourner un certain nombre de ces morts couchés sur le ventre. Quelques-uns, frappés à la tête, étaient méconnaissables ; ils avaient comme un masque rouge sur un visage défiguré. Je me penchai pour les mieux voir : un frisson me prit quand l'un des deux amis que je cherchais m'apparut tordu et replié sur lui-même dans un creux. Il avait trois blessures faites par trois balles : l'une à la jambe, l'autre au bas-ventre ; la troisième balle, entrée par la tempe, avait traversé la cervelle. Je m'agenouillai auprès de ce corps durci par la gelée ; je n'y voyais plus bien. En passant mes mains sur sa veste, je sentis sous l'épaisseur du drap un objet qui avait échappé aux maraudeurs ; c'était le portefeuille du pauvre mort. Je le pris et le serrai dans ma poche ; je pleurais et me laissais pleurer. Un jour vint où je pus rapporter ce souvenir à sa famille ; elle ne devait avoir pour consolation que de savoir que celui qu'elle regrettait était mort à l'ennemi.

Quand je me relevai, j'avais froid jusqu'à la moelle des os. J'arrivai à un endroit où les cadavres des nôtres avaient été ramassés et couchés sur deux rangs. J'en comptai quarante-sept, parmi lesquels vingt-deux zouaves ; le reste appartenait à la ligne et à la mobile, qui avaient solidement donné ; je ne savais ce que je faisais en les comptant. Parmi ces morts étendus dans les poses les plus terribles, il y avait un lieutenant-colonel de la mobile éventré par un obus ; il paraissait dans la force de l'âge ; l'une de ses mains était gantée, l'autre portait la trace d'une abominable mutilation : le quatrième doigt, le doigt annulaire, manquait ; la trace de l'amputation était fraîche encore, on le lui avait coupé pour avoir la bague. Je jetai un dernier coup d'œil sur ce champ funèbre tout rempli de misères, et retournai vers ma compagnie, l'esprit noir, le cœur malade. Je marchai comme un homme ivre, voyant toujours ces faces livides, ces mains violettes, ces yeux éteints, et tous ces morts qui devaient attendre pendant huit jours leur sépulture. Je tombai sur mon sac comme une masse. Il n'y avait pas une demi-heure que je dormais d'un sommeil lourd, lorsqu'un soldat vint me réveiller, et me prévint de la part de l'adjudant qu'une distribution de vivres allait avoir lieu à Petit-Bry, place de l'Église, à une heure du matin. Je me frottai les yeux. Il était onze heures. Si je me rendormais, étais-je bien sûr de me réveiller à temps ? La prudence me conseillait de marcher. C'était deux heures de cigarettes à fumer ; mais l'idée de m'éloigner du bivouac ne me vint plus.

Un peu avant une heure, grelottant sous ma couverture, je commençai à faire la revue des hommes qui devaient m'accompagner. Je n'y mettais pas moins de rudesse que d'activité ; mais ceux que je secouais par les épaules se rendormaient tandis que je tirais leurs camarades par les jambes. L'un grognait, l'autre ronflait, aucun ne bougeait. Je me mis à jouer des pieds et des mains au hasard, marchant dans le tas. Le premier qui se leva voulut crier, je le fis taire d'un coup de poing ; en une minute, la corvée était debout, presque éveillée. Marcher en tête de mes hommes, c'était m'exposer à en perdre la moitié chemin faisant. Je pris la queue du cortége et arrivai au lieu du rendez-vous. Il n'y avait personne sur la place de l'église ; j'en fis le tour une fois, deux fois, trois fois ; — rien, pas un soldat, pas un comptable ; le village semblait mort. La corvée maugréait, battait la semelle, courait, frappait du pied. Deux heures sonnèrent, rien encore. Mes hommes allaient et venaient, cognant aux portes. Quelques-uns tombaient dans les coins et s'y rendormaient; j'aurais voulu faire comme eux. Le froid était abominable. J'envoyai dans toutes les directions et, bien sûr enfin qu'il n'y aurait point de distribution à Petit-Bry, je m'en retournai au campement.

Vers six heures du matin, le petillement de quelques coups de fusil me réveilla; ils partaient de la tranchée, où une section de ma compagnie était de grand'garde et nous couvrait. Chacun de nous prit son rang, sac au dos. La fusillade devint bientôt rapide et vive; les balles prussiennes passaient au-dessus de nos têtes par volées, avec de longs sifflements; tout à coup notre capitaine donna le signal de l'attaque, et criant à gorge déployée : *Attaou! attaou!* ce mot terrible qui avait retenti à Reischoffen et dont les syllabes arabes signifient *Tue! tue!* il se précipita en avant. Nous le suivîmes. Il y eut un instant terrible où les balles s'éparpillaient au milieu de nous dru comme la grêle. Comment passe-t-on à travers cette pluie? Mais nous étions lâchés comme une meute de chiens courants, et, bondissant à côté de ceux qui tombaient, toujours guidés par le farouche *attaou* du capitaine, nous atteignîmes en un instant la tranchée où les fusils à aiguille et les chassepots échangeaient leurs coups. Allais-je enfin avoir la joie d'un combat corps à corps? Les Prussiens, qui avaient joué le même jeu que la veille, mais avec moins de succès, et poussé en avant jusqu'à nos postes, resteraient-ils à portée de notre élan?

En attendant qu'un peu de clarté nous permît de les reconnaître, nous tirions à volonté. Ceux-là brûlaient vingt cartouches en cinq minutes; ceux-ci quatre seulement en un quart d'heure. C'est une affaire de tempérament. Les plus lents ne sont pas les moins redoutables; ils ajustent. Ah! si tous les soldats, quand ils épaulent, tiraient seulement à hauteur d'homme, que les batailles finiraient vite !

— Ça ne va pas ! me dit Michel en me faisant remarquer que le feu des Prussiens commençait à mollir.

J'espérais qu'un mouvement impétueux les amènerait jusqu'à la tranchée ou nous jetterait sur eux ; mais il fallut enfin me rendre à l'évidence : ils ne tiraient presque plus, bientôt ils ne tirèrent plus du tout, et ordre nous fut donné de cesser le feu. C'était encore une occasion perdue.

Ceux d'entre nous qui avaient de bons yeux se levaient sur la pointe du pied pour regarder au loin dans la plaine ; nous étions à demi consolés quand nous avions deviné plus que découvert des points noirs épars dans l'ombre vague qui en estompait l'étendue. Des discussions s'engageaient alors pour savoir si chacun de ces points représentait un ennemi mort. Les plus fougueux voulaient s'en assurer par eux-mêmes ; mais on avait ordre de ne point quitter la tranchée.

On la quitta cependant vers neuf heures pour aller tremper quelques débris de biscuit dans du café, à cette même place où la veille tant d'obus avaient plu sur nous, et, à quatre heures, les régiments, les brigades, les divisions, toute l'armée s'ébranla. Je demandai à mon capitaine ce que cela signifiait.

— Cela signifie, me dit-il, que nous abandonnons les positions conquises, et que les hommes tués sont morts.

Le bataillon n'était pas content ; il avait compté sur une victoire, et c'était une retraite qu'on lui offrait. On lui fit repasser la Marne sur le même pont de bateaux qu'il connaissait, et il fut ramené à Nogent ; on allait retomber dans l'ennui et l'immobilité comme à Courbevoie, à cette différence près qu'au lieu de monter les grand'gardes sur les bords de la Seine, on les monterait dans l'île des Loups, à côté du grand viaduc du chemin de fer.

Sur ce fond d'ennui et de découragement courait une trame légère de mauvaises nouvelles qui nous arrivaient de la province. Comment ? Je ne sais pas ; c'étaient des rumeurs qui disaient la vérité. Nos conversations le soir, autour d'un morceau de cheval étique, dans les malheureuses maisons où nous avions abrité nos fourniments, n'étaient pas gaies. On riait encore quelquefois, mais pas beaucoup ; on sentait que l'état-major ne croyait pas à la possibilité ni même à l'utilité de la défense. Son scepticisme le paralysait, en même temps que la jactance du gouvernement endormait Paris. Aucun de nous ne faisait plus attention à l'échange continuel d'obus qui se faisait entre les lignes prussiennes et la ligne des forts.

Ces jours noirs de décembre, mêlés de coups

de vent et de rafales de neige, me semblaient interminables. A des matins brumeux succédaient des soirées froides et des nuits glaciales. Le regard se fatiguait à suivre les lignes sombres des arbres courant aux deux côtés des routes blanches : partout la neige, on songeait à la Russie. La pensée n'avait plus ni ressort, ni chaleur.

Sur ces entrefaites, j'appris qu'on formait un bataillon de francs-tireurs au moyen de quatre compagnies prises dans chacun des quatre régiments de la division, qui se composait alors du 4e régiment de zouaves et du régiment des mobiles de Seine-et-Marne réunis sous le commandement du général Fournès, et du 135e de ligne avec les mobiles du Morbihan embrigadés sous les ordres du colonel Colonieu, faisant fonction de général. J'avais été nommé caporal-fourrier à l'affaire de Champigny ; mais, pour entrer dans le corps des francs-tireurs, je n'hésitai pas à déposer un galon et à redevenir simplement caporal. Je voyais dans ces quatre mots : bataillon des francs-tireurs, toute une perspective de combats et d'aventures où les coups de fusil ne manqueraient pas. Je ne voulais pas d'ailleurs me séparer de mon capitaine.

Le hasard donna raison à mes prévisions, et rompit la monotonie de notre existence. La nouvelle se répandit un soir que le lendemain, 20 décembre, nous entrerions en expédition. Comment le savait-on ? quelle bouche indiscrète faisait ainsi descendre à l'avance du général en chef au soldat le jour et l'heure des prises d'armes ? C'est ce qu'il nous était impossible de deviner ; mais quelqu'un, fée ou femme, se chargeait toujours d'avertir l'armée, et le secret, qui avait toute liberté d'aller et de venir, ne tardait pas à franchir les avant-postes. Que de choses ne racontait-on pas entre camarades, le soir, en fumant une pauvre pipe ! La confiance était partie. La nouvelle de cette prochaine sortie fut donc accueillie avec une ardeur hésitante ; on n'y voyait que l'occasion de remuer un peu. Un sergent, qui tisonnait le feu dans une chambre sans fenêtre, où il ne restait qu'un vase de fleurs artificielles sous son globe de verre, se tourna du côté du narrateur, et d'une voix sèche :

— Où doit-on reculer demain? dit-il.

Ce mot sanglant traduisait les sentiments du soldat. Il ne croyait plus à la victoire, parce qu'il ne croyait plus aux chefs. Dans de telles conditions, les régiments marchent avec la déroute suspendue à la semelle de leurs souliers.

XV

Un mouvement rapprocha mon bataillon du village de Rosny, où les maraudeurs n'avaient laissé ni une porte, ni une persienne, ni un volet. Les maisons avec leurs fenêtres béantes ne cachaient plus un habitant, si ce n'est çà et là quelques misérables fugitifs qui remuaient dans les caves.

Le lendemain, à quatre heures du matin, le régiment s'ébranla, et à la faveur de la nuit noire, traversant le canal de l'Ourcq, il vint camper à 2 kilomètres de la ferme de Groslay, à l'abri de quelques maisons. On savait à peu près que l'affaire du Bourget allait recommencer.

— Et dès qu'on nous aura donné ordre de prendre une position, me dit Michel, on s'empressera de nous engager à l'abandonner.

Je haussai les épaules.

— Tu verras, reprit-il.

Il y avait dans le corps de logis derrière lequel ma compagnie se massait, des éclaireurs d'un corps franc ; on ne manqua pas de les questionner. Un officier, qui avait de grandes bottes molles et des moustaches farouches avec deux revolvers pendus à la ceinture, hocha la tête d'un air d'importance.

— Les Prussiens ont là des retranchements et une pièce de canon, dit-il.

Nous devions nous en emparer coûte que coûte et nous y maintenir. L'ordre vint subitement de nous déployer en tirailleurs. C'était une besogne qui revenait de droit à la compagnie des francs-tireurs. Mon lieutenant prit la gauche ; j'étais en serre-file à la droite, et nous marchions fort vite. La rapidité, dans ces occasions, diminue le péril. A peine avais-je fait une centaine de pas, qu'une patrouille de cavalerie vint faire le tour de la ferme. On envoya quelques balles dans le tas, et la patrouille disparut au galop. Il ne fallait plus perdre une minute. Nos officiers néanmoins, qui avaient la responsabilité du mouvement, agissaient avec une certaine circonspection, et nous engageaient, tout en avançant, à nous défiler de la mitraille.

— Gare au canon ! disions-nous, et nous marchions toujours.

Rien ne remuait dans la ferme. On en distinguait parfaitement les bâtiments et les enclos. Je vis alors un homme qui était en sentinelle sur un toit ; mais à peine l'avais-je aperçu qu'il disparut par une lucarne avec la promptitude d'une grenouille qui saute dans une mare.

On se mit à courir ; l'imprudence devenait de la prudence. Il ne fallait pas laisser au fameux canon le loisir de nous viser. Chacun de nous jouait des jambes à qui mieux mieux. Je tenais la tête de l'attaque avec cinq ou six camarades. Les balles allaient partir sans doute. Rien encore ; nous redoublons d'élan, nous touchons aux murs, nous entrons et nous apercevons un cheval mort auprès d'un bon feu. De canon point, et d'ennemis pas davantage. Nous étions exaspérés. Il fallait cependant mettre la ferme en état de défense au cas d'un retour offensif ; chacun s'y employa. Je roulai force tonneaux le long des murs sur lesquels j'ajustai force planches, ce qui formait un assemblage de tréteaux bons pour la fusillade. Quand j'avais les mains engourdies par le froid, j'allais les réchauffer à un grand feu qui brûlait dans la cour et qu'on alimentait avec mille débris.

Le génie arriva et pratiqua des meurtrières avec des tranchées auprès desquelles on plaça des sentinelles. Au plus fort de cette besogne, et Dieu sait si on la menait bon train, le colonel Colonieu vint nous rendre visite. On apprit ainsi qu'on se battait du côté du Bourget.

A son tour, un officier d'état-major arriva au grand galop et nous demanda où était le général de Bellemare. Nous n'en savions rien. Un autre survint, puis un autre encore, puis un quatrième, puis un cinquième. Toujours même réponse. Il y en avait parmi nous qui trouvaient singulier qu'un officier ne sût pas où rencontrer le général qui commandait la division.

Avec le cinquième officier arriva un premier obus. Il éclata en arrière de la ferme.

— Trop long, dit Michel.

Un second éclata en avant.

— Trop court, reprit-il.

Un troisième tomba sur un toit qu'il effondra ; les Prussiens avaient rectifié leur tir.

Un peu d'infanterie se montra au loin ; on courut aux meurtrières. Là, je fis connaissance avec un nouveau genre de supplice qui avait son âpreté. Un courant d'air terrible s'établit dans ces ouvertures pratiquées en pleins moellons, et, quand le thermomètre descend à 12 degrés, il acquiert une violence qui coupe le visage et le rend bleu. Les yeux s'enflamment et n'y voient plus.

Cette infanterie que nous avions aperçue n'arrivait pas, mais les obus ne cessaient pas de pleuvoir avec une précision qui ne se démentait plus. Un projectile abattait un pan de mur qui s'écroulait sur ses défenseurs ; un autre éclatait dans une tranchée d'où il faisait voler des lambeaux de chair avec des paquets de terre. Un seul obus nous vint en aide en tuant un cheval qui servit au ravitaillement de la compagnie. Nous tenions bon cependant, et, depuis quelques heures, de cinq minutes en cinq minutes, on relayait les camarades aux meurtrières, lorsque, à six heures du soir, ordre vint d'évacuer la ferme. Une main frappa mon épaule.

— Te l'avais-je dit? s'écria Michel.

Je n'avais rien à répondre, et à mon rang, le fusil sur l'épaule, je suivis ma compagnie, qui avait pour mission de couvrir la retraite de la division de Bellemare. Vers neuf heures, nous arrivions à Bondy, où, en attendant les ordres, quelques-uns de nos hommes, harassés de fatigue, dormaient debout, le sac au dos, les mains sur le fusil.

Deux ou trois jours se passèrent là en pleine misère ; parfois on avait l'abri de quelque maison à laquelle on arrachait une poutre ou un reste de parquet pour faire du feu ; parfois on campait sur la route et dans la neige. Le froid nous rongeait. Il semblait s'immobiliser dans son intensité. On attendait le matin, on attendait le soir ; les heures se passaient dans ces longues attentes, l'arme au pied ou les fusils en faisceaux. On s'engourdissait dans l'épuisement.

Ce fut le moment que mon capitaine choisit

pour tomber malade. Il traînait depuis quelque temps malgré sa jeunesse et son énergie. Un soir, la fièvre le prit ; il eut froid, il eut chaud ; il se laissa tomber sur quelques brins de paille et y resta à demi mort. Un médecin qui passait par là s'arrêta et me déclara qu'il avait la petite vérole. — S'il en revient, ce sera drôle. — Il faisait un froid de 14 degrés. Pour remède rien que de l'eau-de-vie et de la neige fondue que je lui faisais boire alternativement. Quand il avait faim, il mâchait un morceau de cheval cru ; je lui donnais ce que j'avais sous la main. Je lui demandai s'il voulait être porté à l'ambulance. — Jamais ! cria-t-il. — La fièvre le secouait toujours, et ses dents claquaient. Son visage était d'un rouge sombre ; mais, comme je n'y voyais pas de boutons, je croyais que le docteur s'était trompé. Le bataillon cependant campait de ci, de là, un jour au bord du canal de l'Ourcq, en plein air, un jour à Noisy-le-Sec, dans une salle de bal. Je ne quittais pas mon capitaine, qui de son côté m'offrait toujours la moitié de sa botte de paille, quand il en avait une ; nous dormions sous la même couverture. Le cinquième jour, il était à peu près rétabli. Le docteur revint et le trouva déchirant à coups de dents un beefsteak de cheval cuit sur un lit de braise et buvant dans une tasse de fer-blanc un mélange de glace et d'eau-de-vie. Il n'en voulait pas croire ses yeux.

— Ma foi, dit-il, vous avez tué la petite vérole, c'est un miracle !

Nous étions alors en cantonnement à la ferme de Londeau, à mi-chemin entre le fort de Rosny et le fort de Noisy-le-Sec. Chacune des compagnies du bataillon des francs-tireurs devait être de grand'garde à tour de rôle le long du chemin de fer, entre les stations de Rosny et le fort de Noisy. Il se passait quelquefois d'étranges choses autour de ces cantonnements lointains,

Si les Prussiens ne se gênaient pas pour frapper de réquisitions les villages qu'ils occupaient, ceux qui groupaient leurs maisons à l'ombre de nos forts avaient d'autres ennemis à redouter. Les soldats se chauffaient comme ils pouvaient, et il est bien difficile de se montrer d'une sévérité absolue envers des malheureux qui cherchaient çà et là, aux dépens des propriétaires, quelques pièces de bois pour rendre un peu de vie à leurs membres engourdis. Certes, ils ne respectaient pas toujours les portes et les fenêtres des habitations abandonnées ; mais le thermomètre marquait 14 et 15 degrés, nous étions souvent sans abri, et, par les nuits glaciales que nous subissions, les cas de congélation étaient fréquents. Que ceux qui n'ont jamais péché nous jettent la première pierre ! Mais que dire des spéculateurs que nous envoyait Paris ?

Un matin j'ai vu, de mes yeux vu, un officier de la garde nationale arriver en tapissière, et, accompagné d'un ami, exécuter une véritable razzia aux dépens des portes et des persiennes du voisinage. Il choisissait son butin, ne dédaignait pas d'y comprendre quelques volets mêlés de jalousies, et, sa tapissière bien chargée, il s'en retournait faisant claquer son fouet, le képi sur l'oreille. C'était probablement un entrepreneur qui faisait provision pour la saison prochaine, et ne voulait pas que sa clientèle eût à souffrir d'aucun retard. D'autres industriels venaient à la suite, que les scrupules n'embarrassaient pas davantage.

Notre situation à cette extrémité de nos lignes et les promenades qu'elle entraînait donnaient à notre vie un caractère en quelque sorte monacal. Si Paris ne savait rien de ce qui se passait en province, nous ne savions rien de ce qui se passait à Paris ; nous sentions cependant que cela ne pouvait pas durer toujours, faute de cheval.

Que peut-on faire là dedans? disions-nous quelquefois, tout en rendant visite aux postes avancés échelonnés le long de la ligne, à cinq cents mètres les uns des autres, et gardés eux-mêmes par des sentinelles fixes et des sentinelles volantes qui n'étaient pas à plus de cent mètres des vedettes prussiennes. Ces sentinelles, tapies dans un trou ou dissimulées derrière un bouquet d'arbres, avaient ordre de ne jamais allumer de feu pour ne pas attirer l'attention de l'ennemi. Si le froid les engourdissait, les obus les réveillaient. Il en tombait toujours quelqu'un en deçà ou au delà du remblai du chemin de fer. C'était l'aubaine accoutumée quand on allait relever les sentinelles ou porter les vivres aux postes avancés. Les précautions diminuaient le péril, mais ne le faisaient pas disparaître ; trop de lunettes nous observaient.

Un matin, au moment où ma corvée débouchait d'un chemin creux, sept ou huit obus éclatèrent. Chacun de nous se crut mort. La corvée n'y perdit qu'un bidon enlevé des mains d'un zouave. En revanche, combien de nos pauvres camarades qu'on ramenait les pieds gelés des tranchées où ils passaient la nuit !

La ferme de Londeau avait eu le sort de la ferme de Groslay. Prise pour point de mire, elle était effondrée en dix endroits. Le bataillon des francs-tireurs, qui en avait fait son quartier-général, dut l'abandonner pour se cantonner à Malassise, tandis que la division tout entière se retirait à Noisy-le-Sec, et de Noisy-le-Sec à Montreuil et à Bagnolet. Il ne fallait pas être un stratégiste de premier ordre pour comprendre que le cercle dans lequel l'armée prussienne étreignait Paris allait se rétrécissant.

J'avais profité d'un jour de répit pour demander à mon commandant l'autorisation de me rendre à Paris, que je n'avais pas vu depuis plus d'un mois. Il me l'accorda volontiers, et je pris le chemin de la porte de Romainville, où un hasard propice me fit rencontrer un de mes amis qui, en sa nouvelle qualité d'officier d'état-major du secteur, me fit passer tout de suite.

Il me sembla que je tombais d'une fournaise dans une baignoire. On n'avait de la guerre que le bruit éloigné de la canonnade. Les omnibus roulaient ; il y avait du monde sur les boulevards, les cafés étaient pleins ; partout les mêmes habitudes et les mêmes conversations ; dans les rues seulement, une débauche de gardes nationaux.

— Trop de képis ! trop de képis ! me disais-je.

XVI

Quand je retournai à Malassise, le bataillon des francs-tireurs, exempté du service des tranchées et des grand'gardes, allait entreprendre un service plus actif. Il s'agissait d'expéditions nocturnes où les qualités individuelles trouveraient des occasions de se manifester. Mon capitaine me prit à part pour m'apprendre qu'un de nos trois sergents ayant été blessé j'étais appelé à l'honneur de le remplacer, et que je remplirais en même temps les fonctions de sergent-major.

— Et soyez tranquille, ajouta-t-il, vous aurez votre part des expéditions de nuit.

Un soir, en effet, le bataillon prit les armes tout à coup. Il pouvait être dix heures. Il faisait une nuit claire. C'était le temps où l'on avait abandonné un peu lestement le plateau d'Avron en y laissant des masses de munitions, ce même plateau dont la possession devait porter un coup funeste à l'armée prussienne, — après avoir rempli de joie le cœur des Parisiens, si prompt aux espérances.

Tout en marchant, on cherchait à deviner quel motif nous avait fait mettre sac au dos ; mais un flair particulier anime le soldat dans ces sortes d'occasions et lui fait tout comprendre sans qu'on lui ait rien dit. Certains obus arrivaient depuis quelque temps qui nous gênaient et nous inquiétaient. D'où venaient-ils ? On eut bientôt dans la compagnie le sentiment qu'on nous envoyait à la découverte de la batterie mystérieuse qui les tirait ; on savait en outre que toute la brigade devait sortir.

Malassise abandonné, on piqua droit vers le fort de Rosny, sur lequel pleuvaient les obus ; on en voyait passer par douzaines comme d'énormes étoiles filantes. C'était la plus jolie des illuminations : c'était parmi nous une affaire d'amour-propre de ne plus y prendre garde ; mais tous n'y réussissaient pas malgré une bravoure incontestée.

Nous étions alors sur la gauche du fort, suivant la route qui conduit au village. Des obus mal pointés négligeaient le fort et tombaient de ci de là sur les deux côtés de la route ; il s'agissait de ne pas baisser la tête. Chacun de nous observait son voisin ; des paris s'engageaient. Ce n'était rien, et c'était beaucoup. Qui réussissait une première fois échouait un moment après. C'étaient soudain de grands éclats de rire et des huées. Mon vieux médaillé de Crimée y trouvait moyen de faire ample provision de petits verres. Il avait des nerfs d'acier ; je crois qu'il eût allumé sa pipe à la mèche d'une bombe.

Ainsi pariant et riant, la compagnie arrive à Rosny. Le village était mort ; le vent se jouait à travers les maisons. Nous commencions à nous engager dans les tranchées qui creusaient le plateau d'Avron ; la brigade nous suivait et les occupait tour à tour après nous. Il ne fallait plus ni rire, ni crier.

Bientôt, nous étions à côté de Villemonble, devant le parc de Beauséjour. Deux douzaines de petites maisons, séparées les unes des autres par des enclos fermés de murs, s'élevaient çà et là.

Le moment était venu de reconnaître le terrain, lorsqu'un *Ver da* vigoureusement accentué nous arrêta net. Chaque soldat resta immobile à sa place, attendant le signal ; un coup de sifflet lancé par notre lieutenant le donna. Quels bonds alors !

Huit ou dix coups de feu partirent sans nous

atteindre, mais nos baïonnettes ne trouvèrent rien devant elles. La vedette ennemie avait décampé ; un sac cependant resta en notre pouvoir, un sac seulement, mais quel sac ! Il est devenu légendaire dans l'histoire de la campagne. Un zouave en fit l'inventaire à haute voix comme un commissaire-priseur, devant un cercle de curieux qui riaient aux éclats. Ah ! le bon père de famille et l'aimable époux ! Il y avait là dedans, mêlés à une petite provision de tabac et à un gros morceau de lard, une paire de souliers vernis, trois paires de bas de soie, deux jupons de femme, un autre en laine, un encore en fine toile garni de valencienne, deux cravates de satin, une robe de petite fille ornée d'effilés, de bonnes pantoufles bien chaudes, que sais-je encore ? une camisole, deux bonnets, quatre mouchoirs de batiste, une garde-robe complète enfin, et de plus un portefeuille contenant les photographies de la famille entière. Le sac vidé, il fut impossible de le remplir de nouveau, tant ces objets étaient empilés avec art.

La capture d'un Saxon, qui s'était blotti dans le grenier d'une maison où brûlait un bon petit feu, acheva de nous mettre en gaieté. Je m'aperçus en cet instant que le capitaine de la compagnie était en conférence avec le commandant du bataillon.

— Tu vas voir, me dit tout bas le médaillé, on attend quelque chose, et on va nous inviter à nous reposer.

Il ne se trompait pas, on attendait une compagnie de francs-tireurs de la division Butter qui devait flanquer notre droite, et on nous donna l'ordre de nous coucher à plat ventre dans la neige. Il faisait un clair de lune magnifique ; le plateau d'Avron était tout blanc ; nous regardions devant nous, ne soufflant mot, si ce n'est à l'oreille d'un camarade. Une voix m'appela ; le commandant avait demandé à mon capitaine de lui désigner un sous-officier pour aller à la recherche de cette compagnie qui n'arrivait pas et l'amener. Le capitaine m'avait nommé. Je reçus ordre de battre le plateau dans tous les sens.

— Allez, et bonne chance ! me dit mon capitaine, qui ne semblait pas tranquille.

Je mis le sabre-baïonnette au bout de mon chassepot, et m'éloignai à grandes enjambées.

J'étais certainement flatté du choix que le ressuscité, — c'était ainsi que dans nos heures d'intimité j'appelais le capitaine R..., — avait fait de ma personne ; mais je n'étais que médiocrement rassuré. Au bout de quelques minutes, je me trouvai seul dans l'immensité du plateau, errant sur un linceul de neige épaisse qui étouffait le bruit de mes pas. Je me faisais l'effet d'un fantôme. Rien autour moi ; j'avais perdu de vue mes compagnons. Un silence sans bornes, intense, profond, m'entourait ; j'entendais les battements de mon cœur. Un coup de fusil dont j'aurais à peine le temps de voir l'éclair n'allait-il pas tout à l'heure me jeter par terre, ou bien n'aurais-je pas la malechance de tomber brusquement dans une embuscade qui me ferait prisonnier ? Ces réflexions ne m'empêchaient pas de marcher au hasard, tantôt le long d'une muraille, et profitant de la zone d'ombre qu'elle répandait, tantôt à travers champs. Des rires silencieux me prenaient au souvenir de Deerslayer cherchant la piste des Sioux dans les prairies du continent américain, des rires un peu nerveux. J'avançais toujours, le regard inquiet, l'oreille tendue. Quelquefois je m'arrêtais ; j'écoutais, je prenais le vent ; rien, toujours rien, et je continuais, bien résolu à ne rentrer qu'après avoir parcouru l'étendue entière du plateau.

Il y avait déjà plus d'une demi-heure que j'errais ainsi, et cette demi-heure m'avait paru plus longue qu'une longue nuit, lorsqu'à une distance de 600 mètres à peu près j'aperçus aux vifs reflets de la neige le scintillement de quelques baïonnettes qui semblaient se mouvoir. Elles brillaient et s'éteignaient tour à tour rapidement au clair de la lune. Je m'étais accroupi à l'abri d'une broussaille ; ce ne pouvait être des Prussiens. En gens pratiques qui évitent l'éclat et le bruit, ils n'arment leurs fantassins que de baïonnettes en acier bruni qui ne lancent point d'éclairs, et les glissent dans des fourreaux de cuir qui ne dégagent aucun son, quelle que soit la vivacité de la marche. Tout à fait raffermi par cette courte réflexion, je m'avançai jusqu'à 300 mètres, et la main sur la gâchette, le fusil armé, d'une voix de Stentor, je criai : *Qui vive !* Une voix répondit : France ! Mais je ne voulais pas être la victime d'une ruse de guerre. Savais-je si je n'avais pas affaire à une patrouille ennemie imitant nos allures et parlant notre langue ? Je criai donc à la patrouille de venir me reconnaître ; une ombre se détacha du groupe indécis qui faisait tache sur la neige devant moi, et s'avança : c'était le capitaine de la compagnie que je cherchais. Si j'étais content de l'avoir découvert, il ne l'était pas moins de m'avoir rencontré. J'avais été éclaireur, je devins guide, et la compagnie des francs-tireurs que nous attendions opéra son mouvement.

Pendant que je marchais à côté du capitaine, un échange de coups de fusil m'annonça que nos avant-postes causaient avec les avant-postes ennemis. On avait commencé le long des murailles du parc de Beauséjour le travail de la mine. Le génie et les pioches étaient à l'œuvre ; les pierres tombaient ; on allait faire l'essai de la dynamite sur un gros pan de mur. J'arrivai à temps pour assister à cette expérience. Je ne veux pas dire du mal de ce nouvel agent chimique, ni nuire à sa réputation ; mais ses débuts dans la carrière de la destruction ne me semblèrent pas heureux : deux détonations pareilles à deux coups de canon nous apprirent que la dynamite venait de faire explosion. On courut au mur qu'elle avait pour mission de mettre en poudre ; on y découvrit deux trous de 50 centimètres carrés chacun : c'était un médiocre résultat, après deux heures de travail surtout. Il marqua cette nuit la fin de notre expédition.

Ces promenades aventureuses se renouvelaient trois fois par semaine à peu près. On n'était prévenu du départ qu'au moment de prendre les armes. Le péril était l'assaisonnement de ces expéditions ; il n'était déplaisant que lorsqu'une négligence en était la cause, et je dois ajouter tristement que les balles prussiennes n'étaient pas toujours les seules qu'on eût à craindre.

Il arrivait quelquefois que l'officier de grand' garde, enveloppé dans sa couverture, confiait la surveillance de ses hommes au sergent-major ; celui-ci, qu'un tel exemple encourageait, passait la consigne au caporal, qui s'en déchargeait sur un soldat, et de chute en chute la garde du campement incombait à une sentinelle qui s'endormait. Quant à nos ennemis, ils ne se laissaient jamais prendre en flagrant délit de négligence. Point de lacune dans leur discipline ; ils reculaient souvent devant nos attaques, mais jamais ils n'étaient surpris.

On pouvait constater chaque jour le rétrécissement du cercle meurtrier tracé par leurs obus. Le campement où l'on était presque à l'abri la veille recevait de telles visites le lendemain, qu'il fallait prendre gîte ailleurs. C'était le métier du soldat, et aucun de nous ne songeait à s'en plaindre ; mais les pauvres habitants qui gardaient leurs toits jusqu'à la dernière heure, gémissaient et ne se décidaient à déménager que lorsque quelques-uns d'entre eux avaient arrosé de leur sang leurs foyers menacés.

Quel tumulte un matin et quel désespoir à

Montreuil ! Pendant la nuit, les obus prussiens, passant par-dessus les forts, étaient tombés jusque sur la place du village. Le jour ne sembla que donner plus de certitude et plus de rapidité à leur vol. Il fallut en toute hâte enlever les meubles les plus précieux, atteler les charrettes, fermer les portes et abandonner ces espaliers cultivés avec tant d'amour. Les malheureux émigrants ne se crurent en sûreté qu'à l'ombre du donjon de Vincennes.

Quelque temps après, au moment où le sommeil engourdissait les francs-tireurs de la compagnie, à dix heures du soir, un appel me fit sauter sur mes jambes. Ordre était donné de prendre les armes. Le chassepot sur l'épaule, la cartouchière au flanc, le sabre-baïonnette passé dans la ceinture pour éviter le cliquetis métallique du fourreau, sans sacs, nous marchions lestement. Je me glissai du côté du capitaine, et j'appris que la compagnie avait pour mission de pousser jusqu'à Villemonble par la droite du plateau d'Avron et de rabattre par le versant gauche. Tout en filant vers Rosny en belle humeur, nous regardions les obus qui coupaient la route à intervalles inégaux, tantôt en avant, tantôt en arrière.

Les grand'gardes traversées, la compagnie, soutenue par des francs-tireurs du Morbihan, si brillamment conduits par M. G. de C..., aborda le plateau. Le capitaine alors me confia huit hommes avec ordre de les éparpiller en tirailleurs. Dans ces sortes de reconnaissances, on avait pour coutume de choisir des Alsaciens et des Lorrains, dont le langage pouvait tromper l'ennemi ; j'avais moi-même attrapé quelques mots d'allemand dont je me servais dans les occasions délicates.

L'un des tirailleurs vint me dire tout bas qu'il avait aperçu des ombres errant parmi les maisons et les enclos dont le damier s'étendait autour de nous. Je n'hésitai pas, et puisant dans mon vocabulaire : *For wart, schnell, sacrament!* m'écriai-je.

Mes huit Alsaciens s'élancent et fouillent les maisons. Rien dans les appartements, rien dans les cours ; mais des empreintes de pas se voyaient dans la neige fraîchement creusées. C'était une indication suffisante pour nous engager à continuer notre marche, et j'allai toujours répétant *Schnell, schnell!*

Je venais d'obliquer à gauche sur le commandement du capitaine, lorsqu'après avoir franchi 200 mètres à peu près quelques balles nous sifflèrent dans le dos. Il fallait qu'il y eût par là des fusils Dreyse. Mes tirailleurs pirouettèrent sur leurs talons, allongeant le pas. Quelque chose alors attira mon attention. J'avais devant moi, dans la douteuse clarté du plateau, sept ou huit ombres qui avaient l'apparence immobile de troncs d'arbre. Je m'étais arrêté, les regardant.

— *Ya, ya !* me dit un Alsacien.

A peine avait-il parlé, que deux de ces arbres se mirent à courir à toutes jambes. Je m'élançai sur leurs traces, et, pris malgré moi d'un rire fou, j'entremêlai ma course de tous les mots germains que me fournissait ma mémoire. Les Alsaciens s'en mêlant, la fuite des troncs d'arbre se ralentit ; quand je ne me vis plus qu'à 15 mètres de leur ombre, criant à tue-tête : *A la baïonnette !* je sautai sur eux.

Ce cri français fut pour les fugitifs un coup de foudre. Ils se virent perdus, et, tombant de peur et tendant leurs fusils : — Halte, camarades, halte, pas Prussiens, Saxons ! Saxons ! Ils étaient plus morts que vifs, et croyaient qu'on allait les fusiller. Le plus petit d'entre eux, — ils étaient cinq, — me dépassait de toute la tète. Leur surprise égalait leur suffocation. Ils parlaient par monosyllabes et tressaillaient au moindre mouvement que faisaient les zouaves de leur escorte.

Ce ne fut qu'après avoir avalé quelques gorgées de café et fumé la pipe dans notre cantonnement qu'ils reprirent leurs sens et se mirent à causer. En entendant prononcer le nom du général Ducrot, le sergent de la bande poussa un cri : *Tugrot ! ya, ya, Tugrot ! Ich kenne ihn !* dit-il. C'était lui, à ce qu'il prétendait, qui avait monté la garde à la porte du général à Sedan ; c'était peut-être vrai.

XVII

On était au mois de janvier, et une attaque contre les lignes prussiennes, du côté de Montretout, avait été décidée dans les conseils de la défense. On racontait vaguement que la garde nationale serait de la fête. Il était impossible qu'en pareille circonstance le 4e zouaves fût oublié. Dès le lendemain, un billet d'invitation nous arriva, et, à la tête de la division, le régiment tout entier rentra par la barrière du Trône, traversa le faubourg et la rue Saint-Antoine, la rue de Rivoli, les Champs-Élysées, et ne s'arrêta qu'à Courbevoie. Nons avions ce pressentiment que nous allions tirer nos derniers coups de fusil, et que nous les tirerions inutilement.

Il était quatre heures et demie, — c'était le 17, — quand on forma les faisceaux auprès du rond-point de Courbevoie. Ah ! j'en connaissais toutes les maisons ! Pendant la nuit et la journée du lendemain, de grandes colonnes d'infanterie et d'artillerie passèrent auprès de nous. Des bataillons de marche pris dans la garde nationale parurent enfin. C'était la première fois qu'on les menait au feu. Ils marchaient en bon ordre et d'un pas ferme.

A minuit, mon capitaine reçut ordre de se rendre chez le commandant du bataillon ; je l'accompagnai. Quand il sortit :

— C'est pour demain, me dit-il.

La compagnie fut avertie de se tenir prête à quatre heures du matin.

A quatre heures du matin, elle était rangée en bataille. Il faisait une nuit épaisse. On entendait partout dans la plaine que commandait la batterie du Gibet,le bruissement sourd des régiments en marche. Le 4e zouaves avait été le premier à s'ébranler ; il s'avançait lentement dans les champs détrempés, où le poids énorme de notre équipement nous faisait enfoncer à chaque pas ; parfois, mais pour quelques minutes, on s'arrêtait, et les hommes, appuyant le sac sur le canon de leur fusil, se reposaient.

Des lueurs pâles commençaient à blanchir l'horizon ; les squelettes des arbres se dessinaient en noir dans cette clarté. La masse obscure du Mont-Valérien s'arrondissait à notre gauche comme une bosse gigantesque. Le pépiement des moineaux sortait des haies, des corbeaux voletaient lourdement çà et là, et s'abattaient dans les champs, remplis encore de ce silence qui donne à la nuit sa majesté.

Qui le croirait ? dans cette ombre incertaine, nous cherchions La Fouilleuse, que les troupes françaises occupaient depuis un mois, et aucun officier d'état-major ne savait où cette fameuse ferme pouvait se trouver. Des marches mêlées de contre-marches nous la firent enfin découvrir.

Il faisait encore sombre. Des brouillards rampaient dans la plaine, des paquets de boue s'attachaient à mes bottes, car j'avais de grandes bottes comme les officiers : on n'était plus au temps où l'on se renfermait dans la stricte observation des ordonnances ; mais cette Fouilleuse tant cherchée et trouée par tant de projectiles ne devait pas nous retenir. Un mouvement rapide nous fit pousser plus avant, et, la laissant sur notre gauche, nous vînmes prendre position en face du parc de Buzenval. Michel me serra la main ; il avait l'air triste.

— Qui sait ! me dit-il.

Le spectacle que j'avais sous les yeux était grandiose. La clarté commençait à se dégager de l'ombre ; les lignes du paysage s'accusaient déjà ; derrière le mur crénelé du parc, les cimes des futaies faisaient des masses noires estompées sur le ciel gris ; les façades blanches des villas s'éclairaient. Je voyais à une petite distance une compagnie de la ligne qui, vaguement voilée par un léger rideau de brume et l'arme au pied, me rappelait le fameux tableau de Pils ; c'était la même attente, la même attitude. Au loin, sur les flancs du Mont-Valérien, des colonnes d'infanterie s'allongeaient et descendaient dans la plaine ; elles étaient épaisses et noires. On en distinguait les lentes ondulations. Il me semblait impossible que de telles masses énergiquement lancées ne fissent pas une trouée jusqu'à Versailles.

Une fusée partit du Mont-Valérien. A ce signal, les zouaves s'élancèrent en tirailleurs. A peine avaient-ils fait cinquante pas, que le mur du parc s'éclaira de points rouges. Les Prussiens étaient à leur poste. Des soldats tombèrent dans les vignes. On n'avait pas oublié l'affaire du parc de Villiers, l'une des plus meurtrières de la campagne. Allait-elle se renouveler devant le parc de Buzenval, d'où partait une grêle de balles ? Le régiment savait par une douloureuse expérience qu'une charge à la baïonnette ne ferait qu'augmenter le nombre des morts, et déjà bien des pantalons rouges restaient immobiles, couchés dans les échalas. Dispersés parmi les abris que présentait le terrain, nous tirions contre les ouvertures d'où l'incessante fusillade nous décimait.

Des bataillons de gardes nationaux partirent pour tourner le parc. A leur mine, à leur allure, au visage des hommes qui les composaient, on comprenait que ces bataillons appartenaient aux quartiers aristocratiques de Paris. Ils firent bravement leur devoir, comme s'ils avaient voulu effacer le souvenir de ce qu'avaient fait ceux de Belleville à l'autre extrémité de nos lignes.

Ce mouvement prononcé, l'affaire devint plus chaude. Un rideau de fumée s'étendait au loin sur notre gauche ; le mur du parc en était voilé. Il en sortait un petillement infernal. Je cherchais toujours à envoyer des balles dans les trous d'où s'élançaient des langues de feu.

Mon capitaine, qui allait des uns aux autres, me cria de prendre avec moi quelques hommes et d'enfoncer une porte qu'on voyait dans le mur, coûte que coûte. Je criai comme lui : En avant ! à une poignée de camarades qui m'entouraient. Ils sautèrent comme des chacals, le vieux Criméen en tête.

Une poutrelle se trouva par terre à dix pas des murs ; des mains furieuses s'en emparèrent, et d'un commun effort, à coups redoublés, on battit la porte. Les coups sonnaient dans le bois, qui pliait, se fendait et n'éclatait pas. On y allait bon jeu, bon argent, avec une rage sourde, la fièvre dans les yeux, des cris rauques à la bouche ;

mais les Prussiens tiraient toujours, et nos bras frappaient à découvert. Je ne pensais qu'à briser la porte et à passer. Les balles sautaient sur le bois et en détachaient des éclats ; les ais craquaient sans se rompre. L'un de nous tombait, puis un autre ; un autre encore s'éloignait le bras cassé ou traînant la jambe. La poutre ne frappait plus avec la même force. Un instant vint où elle pesa trop lourdement à nos mains épuisées, elle tomba dans l'herbe rouge ; nous n'étions plus que deux restés debout, le Criméen et moi. Des larmes de fureur jaillirent de mes yeux ; lui, reprit froidement son chassepot, et passant la main sur son front baigné de sueur :

— En route ! dit-il.

Quelques zouaves tiraillaient à cent mètres de nous. Pour les rejoindre, il fallait passer le long d'une route qui filait parallèlement au mur derrière lequel les Prussiens tiraient. Un sergent de zouaves qui bat en retraite ne court pas ; l'amour-propre et la tradition le veulent. Vingt paires d'yeux me regardaient; je leur devais l'exemple. Le Criméen me suivait, se retournait de dix pas en dix pas, brûlant des cartouches. Je portais un surtout de peau de mouton blanc qui me donnait l'apparence d'un officier et me désignait aux balles. A mi-chemin, je compris qu'on me visait. Une balle passa à deux pouces de mon visage, suivie presque aussitôt d'une seconde qui s'aplatit contre un arbre dont je frôlais l'écorce. Une troisième effleura ma poitrine, enlevant quelques touffes de laine frisée. Décidément un ennemi invisible m'en voulait. — Je venais de rejoindre mes zouaves, toujours accompagné du Criméen.

— Par ici ! me cria Michel, qui chargeait et déchargeait son fusil. Je me retournai. Une balle qui me cherchait, la quatrième, passa au ras de mes épaules et siffla ; un grand soupir lui répondit. Michel venait de tomber sur les genoux et les mains. Il essaya de se relever ; le poids du sac le fit retomber, et il resta immobile, le nez en terre. Je courus vers lui. Une mare de sang coulait autour de sa veste. Le pauvre garçon fit un effort pour retourner sa tête à demi et me dire adieu. Je vis la clarté s'éteindre dans ses yeux. Sa tête posée sur mes genoux, je le regardais. Une clameur de joie me tira de ma stupeur.

Un groupe de zouaves plus heureux que nous avait réussi à renverser une porte mal barricadée ; ils entraient pêle-mêle par cette brèche. Je m'élançai de ce côté, la rage au cœur. Déjà mes camarades couraient au plus épais des taillis, d'où les Prussiens débusqués s'échappaient à toutes jambes. Des balles en faisaient rouler dans l'herbe. Je sautai par-dessus leurs corps avec l'élan d'un animal sauvage ; j'aurais voulu en tenir un au bout de ma baïonnette. Les projectiles cassaient les branches autour de moi ou labouraient le sol; des hommes s'abattaient lourdement; d'autres, blessés, s'accroupissaient dans les creux. On criait, on s'appelait. Au milieu de ma course, un chevreuil affolé par tout ce bruit se jeta presque dans mes jambes. L'instinct du chasseur l'emporta, et je le mis en joue. Un peu plus loin, un cri bien connu frappa mon oreille, et deux coqs faisans qui venaient de partir d'une cépée s'envolèrent à tire-d'aile. Cette fois on chassait à l'homme; la battue était plus sanglante.

Quelques bonds nous amenèrent à l'autre extrémité du parc, au pied du mur que les Prussiens dans leur fuite venaient d'escalader. Aussitôt on employa les sabres-baïonnettes à desceller les pierres pour pratiquer contre eux les créneaux qu'ils nous avaient opposés sur le front d'attaque. Chaque trou recevait un fusil.

Il pouvait être alors onze heures à peu près. Devant nous, La Bergerie soutenait un feu terrible ; des balles par centaines volaient par-dessus notre tête et tombaient dans le parc. La Bergerie enlevée, la route de Versailles était ouverte ; il n'y avait plus qu'à descendre. Un fouillis d'hommes animés par l'ardeur de la lutte grouillait dans le parc, — de la ligne, de la mobile, de la garde nationale, — tous prêts à s'élancer où l'on voudrait. On m'a raconté que le corps du général Ducrot était arrivé en retard, et que ce retard avait compromis, en l'enrayant, le succès du mouvement, que l'on avait perdu plusieurs heures devant une tranchée qu'il aurait été facile de tourner, puisque nous étions à 500 mètres au-dessus de cet obstacle, préservés nous-mêmes par le mur du parc ; mais que de choses ne dit-on pas pour expliquer un échec !

Les zouaves attendaient toujours. Cette position qu'on nous avait dit de prendre, elle était prise. N'avait-on pas à nous faire donner encore un coup de collier? Le jour et une moitié de la nuit se passèrent sans ordre nouveau. Des accès de colère nous empêchaient de dormir. Le bruit de la bataille était mort. Vers une heure du matin, un ordre arriva qui nous fit abandonner la position conquise au prix de tant de sang. Quelle fureur alors parmi nous! Sur la route qui nous ramenait à La Fouilleuse, nous marchions fiévreusement au travers des mobiles roulés dans leurs couvertures. Il y avait près de vingt-quatre heures que nous étions sur pied, le ventre creux, et la folie de l'attaque ne nous soutenait plus. Je mourais de soif. Le Criméen me passa un bidon pris je ne sais où, et qui, par miracle, se trouva plein. Je bus à longs traits.

— Sais-tu ce que tu as bu, dis? me demanda-t-il en riant dans sa barbe.

— De l'eau, je crois.

— C'est de l'eau-de-vie, camarade! flaire un peu!

Et c'était vrai. Je ne m'en étais pas aperçu. Le froid produit de ces phénomènes. Une heure après, il fallut de nouveau quitter La Fouilleuse et regagner Courbevoie en suivant la levée du chemin de fer. L'affaire était manquée, et cependant, à l'heure même où l'on prenait possession du parc de Buzenval, — des habitants du pays me l'ont affirmé plus tard, — on attelait les chevaux aux fourgons du roi, et Versailles allait être évacué. — C'est toujours au moment où il ne fallait plus qu'une attaque à fond pour nous forcer à reculer, disait un officier prussien après l'armistice, que le mouvement de retraite commençait dans votre armée. Pourquoi?

Chacun sentait que la campagne était finie. Paris ne mangeait plus. Les illusions s'étaient envolées. On ne croyait plus à la délivrance par la province. Les zouaves, un instant campés à Belleville-Villette, où l'on craignait une manifestation, avaient repris leurs cantonnements à Malassise.

L'armistice venait d'être signé. Il fallut ramener le 4e zouaves dans Paris, où il devait être désarmé. Un effroyable accablement nous avait saisis. Quoi ! tant de morts et perdre jusqu'à ses fusils ! Notre dernière heure militaire se passa à Belleville, où notre patience fut mise à une rude épreuve. Ces mêmes hommes qui devaient plus tard élever tant de barricades contre l'armée de Versailles après avoir respecté l'armée prussienne, rôdaient autour des baraques, et nous raillaient grossièrement :

— Tiens ! encore des chassepots !... Va les cacher... On va te les prendre ! disaient-ils aux soldats isolés.

Sans l'intervention des officiers, combien de ces misérables que les zouaves exaspérés auraient châtiés d'importance ! Déjà l'abominable esprit qui a fait explosion le 18 mars fermentait dans ce coin gangrené de Paris.

Je ne m'étais engagé que pour le temps de la guerre. La guerre était finie. La fièvre me prit. Je payai le froid, la fatigue, les dures privations, les longues insomnies, les émotions surtout, les tristesses, les colères de cette désastreuse campagne de six mois. J'avais vu la catastrophe de Sedan, je voyais la chute de Paris. C'était trop. J'entrai à l'ambulance de l'École centrale. J'y allais chercher le repos après le travail ; mes forces en partie revenues, un invincible besoin de quitter la ville à laquelle une dernière humiliation allait être infligée s'empara de moi. Voir, les mains liées et sans armes, ceux que j'avais combattus dans la mesure de mes forces m'était impossible ;

je pris un déguisement et traversai les lignes prussiennes sans retourner la tête pour ne pas voir le Mont-Valérien, où ne flottaient plus les couleurs françaises.

FIN

TABLE

Pages

Clichy. — Imp. Paul DUPONT, et Ce, rue du Bac-d'Asnières, 12.

CLICHY. — Impr. P. DUPONT et Cie, rue du Bac-d'Asnières, 12.

www.ingramcontent.com/pod-product-compliance
Ingram Content Group UK Ltd.
Pitfield, Milton Keynes, MK11 3LW, UK
UKHW012015240726
13965UKWH00002B/376